幾田伸司
［編著］

対話的な学びで一人一人を育てる
中学校国語授業
1
「少年の日の思い出」の授業

東洋館出版社

シリーズの刊行に当たって

私たちは，何もないところに向かって言葉を発したりはしない。たとえ相手が目の前にいなくても，私たちは，自分自身も含めた誰かに，何かを伝えたいと願って言葉を発する。そして，その言葉が誰かに届いたとき，受け取った相手はその言葉に応えるためにまた言葉を発する。言葉を発することは，本来，対話的な営みなのである。「対話的な学び」とは，伝えようという意志や聞きたいという思いに支えられた言葉のやり取りの中で，一人一人が自分自身の言葉をつくり出し，言葉の力を育てていく学習のことである。

しかし，コロナ禍と呼ばれる状況が教室の風景を一変させてしまった。声を出すことははばかられるようになり，議論し，協働し，皆で考えるという，私たちが考えていた「対話的な学び」の姿は教室から消えた。一方で，このような状況だからこそ気付けたこともある。他者と言葉を交わす中で得るものがいかに大きいかということ。「対話」は，単なる情報伝達の手段ではなく，私たちが生きていく上で欠かせない活動だということ。対面することが難しい今だからこそ，「対話的な学び」が切実に求められている。本シリーズの刊行には，そうした願いに応えたいという思いも込められている。

本シリーズで取り上げた作品は，いずれも中学校の文学教材として確固たる評価を得ているものである。数多くの実践が報告され，批判も含めた分厚い研究が蓄積されてきた。しかし，生徒の生活も，作品の解釈も，学習のための教具も，時代の中で常に移り変わっている。私たちは，先達が残した知見を土台として，生徒が教材と出会い，他者と出会い，言葉を紡ぎ出していく場をつくり出すことに心を砕かなければならない。

各巻で示した6編の実践のうち，第1実践はオーソドックスな授業展開に基づく実践，第6実践は学習活動の難度に拘泥せずに提案性が高い実践を提示した。これらには，実践報告だけでなく，これから実施することを想定した授業プランの提案も含まれている。

実践の記述に際しては，具体的な授業の様子が伝わるように，次の点に留意した。

- 対話や学び合いが設定できる単元を構想し，「単元の設定」でその特色を示した。
- 「評価規準」を観点別に明示するとともに，「評価方法のポイント」として，観点別評価や個人内評価の方法，生徒へのフィードバックの仕方などを挙げた。
- 2時間分の「本時の展開」を示し，授業の具体的な姿ができるだけ伝わるようにした。また，「本時展開のポイント」で，授業を実施する際の留意点を解説した。
- 「生徒の学びの姿」で，交流の実際や生徒が知識や技能を身に付けていく様子を，エピソードも交えて具体的に示した。

本シリーズの提案が，先生方が授業を考える一つの入り口になれば幸いである。

令和3年6月

編著者を代表して　幾田 伸司

対話的な学びで一人一人を育てる中学校国語授業

1 「少年の日の思い出」の授業

教材文の引用にはヘルマン・ヘッセ(高橋健二訳)「少年の日の思い出」,
『国語　1』(令和 3 年度中学校国語教科書,光村図書出版)を用いた。

I

教材としての「少年の日の思い出」

1
教材としての魅力

「少年の日の思い出」は，高橋健二氏がヘッセの元を訪れた際に譲り受けた資料を訳出したものである。「クジャクヤママユ」という掌編を改稿したこの物語は，ドイツではほとんど知られておらず，長く日本での翻訳作品だけが愛されてきた。訳文の評価も高く，ヘッセと高橋氏との共作とも言える「少年の日の思い出」は，戦後の国定教科書『中等国語』に採録されて以降，中学校教材として70年以上にわたって読まれ続けている。国語教育という文化の中で見いだされてきた，この物語の魅力を考えてみたい。

⑴ 巧みな物語展開

「少年の日の思い出」は，「私」が語り手となって「客」が思い出を話し始めるまでを描く前半部と，「客」が少年の頃に起こした出来事を語る回想部から成っている。

前半部では，ちょうの収集を見た「客」が，自分の思い出が不愉快ででもあるかのように口早に「もう，結構」と言い，その後で「けがしてしまった」「話すのも恥ずかしい」思い出を語り始める。「客」の思い出はどのようなものかという疑問が差し出され，読者は不幸な結末を予期しながら「客」の語りに聞き入ることになる。

「客」が語る回想部の物語は，次のように進んでいく。

①プロローグ：幸せな日常。主人公より優れたライバル（エーミール）が登場する。
②出来事の発端：ライバルが，宝物（クジャクヤママユ）を手に入れる。
③出来事１：主人公「僕」が宝物を求めに行き，主人公の運命が暗転する。
④出来事２：「僕」を救う導き手（母）が現れ，「僕」とエーミールが対決する。
⑤出来事の結末：「僕」がエーミールに敗北する。
⑥エピローグ：「僕」はちょうを捨て，少年時代という幸せな世界から離れる。

物語の展開自体はオーソドックスなものである。劇的な事件が起きるわけではないが，テンポがよい出来事の進行と緻密な心理描写によって，読者は「僕」に寄り添いつつ物語を読み進めていくことができる。「僕」とエーミールの対決が「僕」の敗北で終わり，主人公の勝利や２人の和解といった予定調和の結末にならないのが，定型の物語と異なる点であろう。その後，回想部は「僕」がちょうを潰す場面で閉じられる。理由が語られない「僕」の行為で終わるエピローグが，この物語に奥行きを与えている。

物語は，暗転する予感をはらみながら読者の期待どおりに展開し，ある意味で予想どおりに大団円でない結末を迎える。幼く危なっかしい「僕」の言動に共感したり，疑問をもったりしながらストーリーを楽しむことが，「少年の日の思い出」の面白さの一つであろう。

また，「そのとき，初めて僕は，一度起きたことは，もう償いのできないものだということを悟った」とあるように，この物語は，事件を通して主人公の変容を描く成長物語の型も備えている。疑問－答え，ライバルとの葛藤，主人公の変容といった，これまで学んできた読み方を使って読み進められるのも，この教材の魅力の一つである。

⑵ 等身大の少年像 ～「僕」という人物を捉える～

回想部は，少年の頃ちょうの収集に熱中していた「僕」が語る，10 歳から 12 歳の頃の出来事である。ちょうの採集に熱情を傾けた 10 歳ぐらいの頃から，集めたちょうを押し潰す結末まで，一人の少年が経験した出来事と心の動きが丁寧に描かれている。

ちょうを捕らえるときに感じた「微妙な喜びと，激しい欲望との入り交じった気持ち」，「妬み，嘆賞しながら彼を憎んでいた」というエーミールに対する複雑な心境，ちょうをポケットに入れて階段を降りるときの緊迫感，潰れたちょうを見たときの絶望感など，精細に語られた「僕」の心情は，同年代の生徒たちが共感できる部分も多くあるだろう。エーミールに謝りに行けないときの気の重さなども，理解しやすい。大切な物を自分の手で壊してしまった心の痛みや，自分を否定されたときの怒りなど，「僕」に同化して共感的に読むことで，少年の心の揺れや葛藤を豊かに想像することができる。

一方で，「僕」の行動は矛盾に満ちていて，読者が納得できるものばかりではない。次のような「僕」の言動や心情については，理解できないと感じる生徒もいるだろう。

- 10 歳の頃，「僕」はなぜ嫌いだったエーミールにコムラサキを見せに行ったのか。
- エーミールの部屋に行ったとき，「僕」はなぜエーミールがいないのに部屋に入ったのか。
- 「僕」はなぜクジャクヤママユを盗んだのか。そのときに罪悪感はなかったのか。

一見すると理解しがたい「僕」の言動の裏にある心の内を想像することが，「僕」という人物を読み解くことになる。盗みという「僕」の過ちに対しても，ただ非難するのではなく，「僕」が盗みを犯すまでの叙述をたどりながら，「逆らいがたい欲望」に囚われていく「僕」の内面を想像できるようにしたい。

また，注意深く読めば，「僕」の語りは自分の内面をきちんと話していないことが多いのにも気付く。例えば，次の場面の「僕」の心理は巧妙に隠されており，読者に分かったように感じさせながら，実ははっきりと語られていない。

- ちょうを盗み出した瞬間に感じていたこと。盗む直前に「逆らいがたい欲望を感じて」，ちょうを部屋から持ち出したときに「大きな満足感のほか何も感じていなかった」と言うが，ちょうを盗む瞬間のことは，淡々と事実を述べているだけである。
- ちょうを潰してしまった後の感情。「悲しい気持ち」と言うが，何が悲しかったのか。「苦しい」や「後悔」ではないのか。夕方までの間，「僕」は何を考えていたのか。
- 「結構だよ」というエーミールの言葉を聞いたときの心理。「喉笛に飛びかかるところだった」とやりかけた行動を報告し，「一度起きたことは，もう償いのできないものだ」という苦い思いを述懐するが，このとき激高した理由には触れないままである。その前の言葉に対しては感情的になっていないのに，何が「僕」をこれほど怒らせたのか。

このように，「僕」は饒舌に自分の内面を吐露しているように見せながら，肝心の瞬間のことはあまり語らない。語られた言葉に沿って「僕」に共感したり，内面を想像したりして「僕」に寄り添うとともに，「僕」が語らなかった言葉を埋めていくことで「僕」の人物像を描き直していけることも，この作品の魅力の一つである。

⑶「僕」を捉え直す～「僕」とエーミールの対立～

ちょうに対する熱情が「僕」の思い出の縦軸であるとすれば，「僕」とエーミールという少年との対立はこの物語の横軸である。２人の考え方や価値観の違い，エーミールに向けられた「僕」の思いに着目することも，この作品を読む観点の一つになる。

ちょう集めという趣味に熱情を注いでいるという点で，「僕」とエーミールは似たもの同士である。だが，「僕」は，「子供としては二倍も気味悪い性質」と酷評するほどこの少年を忌み嫌っている。一方で，「自分の幼稚な設備」に引け目を感じる「僕」が「宝石のような」収集を作るエーミールを憎んだのは，羨望や劣等感の裏返しとも取れる。「妬み，嘆賞しながら」と語るように「僕」はエーミールに一目置いてもいるのである。

「僕」とエーミールの考え方に大きな溝があることは確かである。「僕」はちょうを「捕らえる」ことに熱情を傾けていて，捕らえたちょうを箱にしまっておく。一方エーミールは，「こぎれい」で「手入れの正確な」収集を作ることに心を砕いていて，傷んだちょうの羽を継ぎ合わすという「非常に難しい，珍しい技術」を修得するほど収集の手入れに執心している。エーミールが，捕らえたちょうではなく「さなぎからかえした」クジャクヤママユを収集に加えるのは，彼にとっては美しい収集を作り上げることこそが目的であり，ちょうを手に入れるのはそのプロセスに過ぎないからである。一方の「僕」にとっては採集こそが熱情を傾ける対象であり，収集はその痕跡に過ぎない。採集という「行為」に熱中する「僕」と，収集という「物」に熱情を注ぐエーミールが相容れるはずがない。

また，エーミールは「二十ペニヒぐらい」という現金で物の値打ちを計る，大人の世界の価値観を身に付けている。だから，物の値打ちを下げる欠点を指摘するのは，エーミールにとっては正当な助言なのである。一方，コムラサキを捕らえたという行為を承認してほしい「僕」にとっては，収集の欠点は問題でなく，エーミールの指摘は「難癖」に過ぎない。欠点の指摘という一つの行為が，「僕」とエーミールでは違って見えている。

こうした２人の対立は，対決場面を読む際の観点にもなる。「僕」の収集とエーミールの収集は等価なのか。盗みという行為は，エーミールと「僕」ではどう違って見えているのか。エーミールはなぜ「僕」の申し出を拒絶したのか。「僕」とエーミールの違いを捉え，エーミールを鏡にして，「僕」に寄り添っていると見えない「僕」の独善的な部分を相対化することも，この作品の読みの一つであろう。

⑷ 脇役の役割に注目して読む

エーミール以外で大切な役割を果たす脇役が母である。母は，行動できない「僕」を諭してエーミールの元に促し，傷付いて帰ってきた「僕」を黙って見守る，強く慈愛に満ちた存在として描かれている。

ただし，「どれかをうめ合わせにより抜いてもらうように，申し出るのです」と言う母は，２人の収集を交換できる「物」だと捉えている。嫌なことから逃げない，対価を支払う，過ちには謝罪するといった大人世界の倫理を示して「僕」を導く母は，「僕」を大人の世界に引き込む媒介者の役割も果たしている。

⑸「語り手」の認識を問い，思い出を語る大人の物語として読む

物語の語り手は，伝えたいことが相手に伝わるように，語る内容や表現を選んで語っている。その選択が意図的にせよ，無意識にせよ，語られた物語には，語り手の認識が表れているのである。「少年の日の思い出」は，表面的には前半部と回想部で語り手が交替していて，前半部では「客」が思い出を語り始めるまでの経緯を「私」が語り，回想部は前半部の「客」が「僕」と名乗って少年の頃の思い出を語っている。したがって，前半部には「私」の認識が，回想部には「客」の認識が表れている。近年の「少年の日の思い出」の学習では，「私」や「僕」という物語の語り手が思い出をどう捉えているかを考えるという，大人たちの認識を批評的に読み解く実践が行われるようになってきている。

回想部の語り手「僕」は，大人の「客」である。「僕」が語ることは全て，過去の出来事を「客」が捉え直して語っているのであり，少年がそのときに見聞きしたこと，感じたことそのままではない。「僕」は，大人の今，聞いてほしい物語を語っているのである。だから，「僕」の語りには，なぜそのように語ったのかという語り手の意図を問うべき箇所が，いくつも見いだせる。例えば，次のような疑問が挙げられるだろう。

- 「僕」はなぜ，エーミールのちょうを盗んだことだけでなく，コムラサキをエーミールに見せた話や，自分のちょうの収集を潰した話をするのか。
- 「僕」は，なぜエーミールを悪く印象付けるようなことを言うのか。
- 「僕」は，なぜエーミールの部屋を立ち去った後に感じたことを言わないのか。

自分がどれほどちょう集めに熱情を注いだか，エーミールがどんなに嫌なやつか，自分がどんな代償を払ったかを伝えることで，「僕」は，盗みは過ちだが自分にとってはやむを得ないことでもあったと伝えようとしているとも読める。何を語り，何を語らないのかを問うことで，大人の「僕」が思い出をどのように捉えているか，どのように伝えたいのかを批判的に読み取る視座を得ることができる。

ところで，前半部の最後は「友人は，その間に次のように語った」となっているので，正確に言うと，回想部は「客」の思い出話を「私」が語り直したものだということになる。回想部には，思い出を語る「客」と，「客」の話を語る「私」という，２人の語り手が介在しているのである。回想部の語りに直接表れるのは「客」の認識だが，ここには「客」の思い出を語り直す「私」の意図や認識も隠れている。ただし，「私」が客の話をどのように語り変えたかは，回想部の「客」の語りからは分からない。そこで，「客」の思い出を語り直す「私」の認識は，なぜ「私」はこの話を語り直したのか，語り直すことで「私」は何を伝えたかったのかという形で問われることになる。

「私」が「客」の思い出を語り直す意図については，「客」に自分の思い出を聞かせ，過去の思い出に囚われている自分と向き合うことができるようにするためという解釈が採られることが多い。このように，回想部を「『私』と『客』との思い出のやり取り」と捉え，「客」の思い出を互いに伝え合うという形の「対話」が２人に何を生み出すのかという観点から物語を読み解くことも，この作品をめぐる現代的な関心である。

⑹ 伏線や演出を読み解く

「少年の日の思い出」では，描写や設定の細部が緊密に結び付き，伏線を成したり，物語を巧みに演出したりしている。

①伏線

- 「私」の収集：「私」が「客」に見せたのは，「軽い厚紙の箱」に入れた，この辺りでは「ごく珍しい」フルミネアだった。この「私」の収集は，「古いつぶれたボール紙の箱」や「僕らのところでは珍しい，青いコムラサキ」を思い起こさせる。
- 「私」の収集を見た後の「客」の様子：「不愉快ででもあるかのように」「口早に」という様子は，「客」にはちょうに関わる思い出したくない経験があるという印象を与え，この後で「客」がその思い出を「話すのも恥ずかしい」と言う伏線となっている。
- 「客」のちょうの扱い方：「客」は，「一つのちょうを，ピンの付いたまま箱の中から用心深く取り出し」羽の裏側を見た。「ピンの付いたまま」「用心深く」という行動から，彼はちょうの扱いに慣れていることが読み取れる。また「用心深く」という描写は，彼にはちょうを潰してしまった経験があることを示唆している。また，このとき「客」はピンを抜かない。少年の頃，クジャクヤママユの留め金を抜いた「客」がピンを抜かなかった（抜けなかった）ことに，今の「客」の思いを想像することができる。

②光と闇の描写

- 光の中にあるちょう：「きらびやかに光り輝いた」「ひなたの花に止まって」のように，前半部でも回想部でもちょうは光の中に置かれていて，明るく健康的な熱情の対象であることを暗示している。
- 闇が深まっていく描写：「緑色のかさをランプに載せた」「快い薄暗がりの中に沈んだ」「彼の姿は，外の闇からほとんど見分けがつかなかった」「外では，かえるが，遠くから甲高く，闇一面に鳴いていた」のように，闇についての叙述が次々と示され，闇がどんどん深くなり，辺りを浸食するように広がっていく印象を与える。こうした描写は，「客」の心象とも重なっている。
- 客が語る場所：「客」は「快い薄暗がりの中」，「外の闇からほとんど見分けがつかな」い中で思い出を語っている。「客」が闇の中で語るのは，自分の様子を人目から隠すためもあるだろうが，その思い出が暗く重い内容であることを演出する効果もある。
- 結末部との呼応：前半部の暗闇の描写は，ちょうの収集を「寝台の上に載せ，闇の中で開いた」最後の場面と呼応しており，「客」が大人になった今も闇の中にいることを象徴的に示している。

③呼称の使い分け

- エーミールの呼び方：「僕」は，エーミールを「隣の子供」「この少年」「あのエーミール」「例の先生の息子」「あの模範少年」「あいつ」などと呼んでいる。こうした呼び方から，エーミールに対する敵意や，距離を取ろうとする気持ちが感じられる。
- 収集の呼び方：「僕」は，自分の収集を「宝物」と言い，エーミールの収集は「宝石のようなもの」と言う。きらびやかで誰にとっても価値が高い「宝石」は，エーミールの「収集」を特徴付けており，自分にとってだけ価値がある「宝物」と対比されている。

④描写

- ちょうを捕らえた場所：「強く匂う，乾いた荒野の，焼けつくような昼下がり，庭の中の涼しい朝，神秘的な森の外れの夕方」と，三つの情景が，短文の体言止めでたたみかけるように示され，「僕」の気持ちの高ぶりを読者に感じさせる。
- ちょうを捕らえるときの描写：ちょうを捕らえるときの様子を，「僕」は，「しだいに忍び寄って，輝いている色の斑点の一つ一つ，透き通った羽の脈の一つ一つ，触角の細いとび色の毛の一つ一つが見えてくると，その緊張と歓喜ときたらなかった」と描写する。ちょうの細部がどんどん目の前に浮かび上がってくるような描写の仕方は，緊迫感や臨場感を読者に与える。このちょうの細部をクローズアップする描写は，エーミールの部屋で展翅板の上のクジャクヤママユを見るときにも用いられており，このときの「僕」の心理状態がちょうを捕らえようとしているときと同じであることを暗示している。

こうした物語の仕掛けを見付け，叙述を結び付けて物語の細部を読み解いていくことも，この物語の魅力である。

2
授業づくりのポイント

(1) 規範的な読みから抜け出させる

「少年の日の思い出」は，一時の誘惑に負けて悪いことをしたら後悔する，一度してしまった過ちは償えないといった，盗みという罪だけに目が向いた道徳的な読みを引き出しやすい。盗みをした少年が罰を受ける因果応報の物語という規範的な読みを抜け出す端緒をつくることが，この教材の授業づくりのスタートである。

そのためには，「ちょうを盗んで潰した」という結末だけで出来事を捉えるのではなく，「僕」が自分のちょうを潰すことになるまでの過程を，「僕」の語りを手がかりにして丹念に理解していくことが大切になる。「僕」の語ることが身勝手に感じられたとしても，まずはその言い分を聞くことが，「僕」と読者との対話の糸口になる。その中で，大切なもののために罪を犯すことは絶対に許されないのかという倫理観の問題や，ちょうを手に入れるという点で盗みと採集は同じだという「僕」の意識の問題も問われることになろう。生徒が「僕」の行為を最終的にどう判断するにせよ，「盗み＝悪」という短絡的な図式で終わらせないようにする働きかけは必要である。

(2) ちょうを潰した「僕」の気持ちを考える

「僕」がちょうの収集を潰す最終場面は，物語のクライマックスとして，授業で取り上げられることが多い，しかし，「なぜ『僕』はちょうを潰したのか」や「このときの『僕』はどのような気持ちか」という問いだけだと，エーミールに謝りたかった，クジャクヤママユを潰したことを償いたかったといった，表層的な解釈にとどまりがちになる。「エーミールのものを盗んだ」「クジャクヤママユを潰した」という事実だけに注目しがちな思考を深めるために，この場面では次の点に注意させたい。

- なぜ「ちょうを一つ一つ取り出し」，「粉々に」潰したのか。ただ捨てるのではなく，こうした潰し方をすることから，「僕」が何を考えていたかを想像してみる。
- 「僕」はなぜ灯りを点けなかったのか。灯りを点けられない心理を想像してみる。

「僕」の内面を考えるのであれば，「ちょうを潰した」という行動だけを問題にするのではなく，その行動の様子や状況に着目するほうが考えやすくなる。

⑶「僕」の語りを相対化する

「僕」は自分が受け取ってほしいように物語をつくり上げて語っている。近年は，こうした語りに注目し，「僕」がなぜ，どのように物語をつくっているかを批判的に捉え直す学習が増えてきた。このように「僕」の語りを相対化するための方法としては，一連の出来事を別の人物の視点で書き直すという活動が考えられる。

エーミールから見れば，この事件で自分は全くの被害者であり，言い訳めいたことを言いに来た隣人の子供を侮蔑するのも当然だろう。母から見れば，「僕」は自分を律することもできない未熟な子供で，この日の出来事は子供の過ちの一つに過ぎない。「僕」がどんなに正当化しようとしても，別の人物の視点から見れば「僕」の言動は違って見えるのである。別の人物の視点を導入し，「僕」の語りと比べることで，「僕」が一連の出来事や周囲の人物をどのように見せようとしたかを捉えることができる。

⑷ 大人の認識を問う

「少年の日の思い出」の結末は，ちょうの収集を潰したという「僕」の回想で終わっていて,「僕」の話を「私」がどう受け止めたかが分かるはずの現在の場面は描かれていない。「僕」の回想や，思い出を語る「僕」という人物をどう受け取るかは，読者に委ねられているのである。「客」はなぜこの思い出を語ったのか,「私」がこの話をどう受け取ったかといった大人の認識を考えさせるための活動として，現在の場面での「私」と「客」の対話を創作することが考えられる。「僕」や「私」の言葉という形をとりながら,読者が「僕」の話をどう受け止めたかを表現することが，大人である「僕」や「私」の認識を捉えることになる。

⑸ 叙述の細部に注目する

前述したとおり，「少年の日の思い出」には随所に巧みな表現技巧が用いられている。伏線，描写，呼称など，叙述に注目し，その効果や意味を考えることも，中学校で身に付けさせたい読解力の一つである。

この作品では，前半部で描かれた人物の行動や情景描写の意味が回想部で明らかになることが多い。そこで，前半部と回想部を比較して共通点を探すのも，伏線を見付ける一つの方法であろう。人や物の呼称，対比されている事物や表現なども，表現の工夫を見付ける手がかりになる。言葉自体に注目できる言語感覚を身に付けられるようにしたい。

〈幾田 伸司〉

Ⅱ

「少年の日の思い出」の授業展開

「客」が伝えたかったことに注目して，「少年の日の思い出」を読み解こう

～「僕」がけがしてしまった思い出はどんなことか～

1 単元の目標

●物語中の原因と結果，自分の意見と根拠など情報と情報との関係について理解することができる。
〔知識及び技能〕(2)ア

●「僕」がけがしてしまった思い出は何か考えるために，場面の展開や登場人物の相互関係，心情の変化などについて，描写に注目しながら読むことができる。
〔思考力，判断力，表現力等〕C(1)イ

●「『僕』がけがしてしまった思い出はどんなことか」という学習課題の解決のために，進んで登場人物の描写や相互関係などを捉え，考えようとする。〔学びに向かう力，人間性等〕

2 単元の設定

(1) 単元設定の理由

「少年の日の思い出」は，「客」が「私」に思い出を語り始めるまでを描いた大人の場面と，「僕（大人の場面の『客』)」がちょう収集に熱中していた少年の頃に起こしてしまった出来事を描いた回想場面との2部構成になっている。回想場面は大人になった「客」が過去を振り返って語った物語であり，少年の「僕」が感じたことだけでなく，大人の「客」が少年の頃の出来事をどう捉えているかも投影されている。そこで，「『僕』がけがしてしまった思い出はどんなことか」という問いを単元全体の学習課題として，少年の頃の「僕」の心情とともに，「客」が思い出の何を重荷として背負っているのかも考えさせることとした。

本単元の学習者は，幼稚園から現在に至るまで同じクラスで学校生活を送ってきた。そのため，互いに親密であるが，仲間の発言に対して疑問を投げかけたり，深く掘り下げる質問をしたりすることが少なく，発言をどう受け止めたかがリアクションに表れにくいという実状がある。また，物語教材の学習では，登場人物の心情を直感的に答えはするものの，本文から根拠を見付けることに手間取ったり，見付けられずに沈黙してしまったりする場面がある。登場人物の心情が分かる描写を本文から抜き出すことはできるが，なぜその描写から心情を推測できるのかといった理由付けの言葉には迷う姿も見られる。そこで本単元では，本文中の表現と解釈を結び付け，叙述を基にして心情などを丁寧に読み取ることを積み重ねていくように学習活動を構成した。自分の読みを他者と交流する中で，自

分の考えを広げ，語句や表現に注目して物語を読む面白さに気付かせたい。

(2) 単元展開の特色

単元を貫く学習課題である「『僕』がけがしてしまった思い出はどんなことか」は，大人の「客」が少年の頃の思い出の何に苦しんできたかを尋ねる問いである。この問いに対して，初読では，エーミールのちょうを盗んでしまったことと考える読みが多く出されると予想される。しかし，「客」が思い出の中で罪の意識を感じているのは，盗みをしたということだけではなく，大切なちょうを潰してしまったこと，エーミールの宝物を奪ってしまったこと，エーミールにきちんと謝れなかったことなど，様々に考えられる。そこで，回想部分の「僕」の内面について読み深めた上で，単元の最後で，「客が伝えたかったことはどんなことか」という問い方に変えて，思い出に対する「客」の思いを再考させることとした。

回想部分の読解では，語り尽くされていない「僕」の内面を考えるために，五つの場面に分けて，それぞれ次の課題を設定した。

- 10 歳の頃：エーミールに対する「僕」の気持ち（なぜコムラサキを見せに行ったのか）
- クジャクヤママユを持ち出したときまで：盗みという過ちを犯すときの「僕」の心理
- クジャクヤママユが潰れたのを知った後：潰れたちょうを見るときの「僕」の内面
- エーミールに自分の行為を打ち明けたとき：エーミールに軽蔑されたときの怒りの内実
- その日の夜：熱情を傾けていたちょうの収集を自分の手で一つ一つ押し潰す心情

単元を通して，物語の細部を丁寧に読んで「客」が語る「僕」の心情やその変化を捉え，交流を通して深め，思い出を語ることで客が何を伝えようとしたかを考えさせる。

本単元では，各時間の最後に学習者がワークシートに書いたことをまとめた一覧を次時の冒頭で配付し，それを読んで振り返る時間を多く取った。また，第 6 時には，学習者がそれまでに考えたことをまとめた個人ポートフォリオを作成し，再考の際に活用させた。このようにそれまでの自分や仲間の読みを見返すことで，自己内対話の契機とした。

3 評価

(1) 評価規準

知識・技能	思考・判断・表現	主体的に学習に取り組む態度
●物語中の原因と結果，自分の意見と根拠など情報と情報との関係について理解している。	●「『僕』がけがしてしまった思い出はどんなことか」場面の展開や登場人物の相互関係，心情の変化などについて，描写を基に考えている。	●「『僕』がけがしてしまった思い出はどんなことか」という課題解決のために，進んで登場人物の描写や相互関係などを捉え，考えようとしている。

(2) 評価方法のポイント

①観点別評価のポイント

● 各時の学習場面に付けた小見出しが，場面の中で起きた出来事を踏まえたものとなっているかを見取る。
● 本文の記述を基に「僕」の心理や「客」が伝えたかったことを述べているかを，ワークシートの記述や交流の際の発言から見取る。
● 各時の学習課題に答えるために登場人物の関係を整理したり，描写を捉えたりしようとしているかを，ワークシートの記述や交流の際の発言から見取る。

②個人内評価のポイント

● 単元開始時と単元終了時のワークシートの記述から，「『僕』がけがしてしまった思い出はどんなことか」についての読みがどのように変容したかを見取る。

③生徒へのフィードバック

● 学習者がワークシートに書いたことをまとめて次時に配付し，全体で共有して振り返りとして活用できるようにする。
● 単元全体の学習活動で考えてきたことをまとめた個人ポートフォリオを作成し，最後の時間に学習者にフィードバックする。

4 単元の指導計画（全6時間）

時	学習内容	学習活動	評価規準
1	●「少年の日の思い出」を読み，「『僕』がけがしてしまった思い出はどんなことか」について考えをもつ。	①自分が10歳の頃の印象深い思い出を交流する。 ②全文を読み，登場人物と語り手を確認する。 ③「エーミール」「クジャクヤママユ」「ちょう集め」の中から一つ以上の言葉を使って，学習課題について考えを書く。	★「『僕』がけがしてしまった思い出はどんなことか」について，考えを書こうとしている。態
2	●「10歳頃の『僕』はエーミールのことをどう思っているか」について考える。	④エーミールの人物像が分かる記述を本文から抜き出す。 ⑤人物像と出来事を基に，「僕」はエーミールのことをどう思っているか考え，交流する。	★エーミールの人物像や，エーミールに対する「僕」の心情を表す語句に注目しながら読んでいる。思
3	●クジャクヤママユを盗んだ場面の「僕」の気持ちを考える。	⑥「僕」が盗みを犯すまでの出来事を整理する。 ⑦「うわさを聞いたとき」「入り口が開いていたとき」「ち	★場面の展開や「僕」の心情の変化について，描写を基に考えている。思

		ょうを間近から眺めたとき」「ちょうを持ち出したとき」の「僕」の気持ちをそれぞれ考え，交流する。	
4	●夕方までの「僕」の気持ちと，クジャクヤママユを潰した「僕」の苦悩について考える。	⑧夕方までの場面で，「僕」の気持ちが分かる記述を本文中から抜き出す。 ⑨ちょうが潰れたことを知ったとき，「僕」の心を苦しめたのは何か考える。 ⑩なぜクジャクヤママユを元どおりにしたかったのかを考え，交流する。	★「僕」の心情の変化について，描写を基に考えている。思
5	●エーミールの部屋でのやり取りから，「その瞬間」までの「僕」とエーミールの内面を想像し，「僕」の怒りについて考える。	⑪「僕」とエーミールに分かれて，「その瞬間」までのそれぞれの心の内を考えた後，交流して，それぞれの思いを共有する。 ⑫「その瞬間」の「僕」は何に対して怒りを感じたのかを考え，交流する。	★「僕」とエーミールの相互関係，二人の心情の変化について，描写を基に考えている。思 ★「僕」とエーミールの相互関係，二人の心情の変化について考えようとしている。態
6	●「僕」がけがしてしまった思い出はどんなことか再考する。	⑬「僕」はなぜ「ちょう」を潰したのか考える。 ⑭「客」が伝えたかったのはどんなことか考える。	★「『客』が伝えたかったのはどんなことか」について，本文を根拠として記述している。思

5 本時の展開①（第4時）

(1) 本時の目標

●本文中の描写から読み取ったことを基に，「クジャクヤママユ」と「エーミール」のどちらが「僕」の心を苦しめたのか考えることができる。

(2) 本時の指導案

学習活動	指導上の留意点	評価（方法）
導入（15分）前時の振り返りと本時の学習課題の確認をする。		
①前時の振り返りをし，本時の目標「家に帰るまでの『僕』の気持ちを考える」を確認する。	●学習者が前時のワークシートに書いた考えを一覧にして，配付する。 ●本時が終わるまでに，場面に小見出しを付けるように指示する。	★場面の中で起きた出来事を踏まえた小見出しを付けている。 知（ワークシートの記述）

展開（30分）学習課題に対する自分の考えを記述する。

②クジャクヤママユを持ち出してからクジャクヤママユが潰れてしまったことを知って家に帰るまでの,「僕」の気持ちを考える。	●「僕」の気持ちが分かる描写等を，箇条書きで抜き出させる。 ●「僕」の心を苦しめたのは「クジャクヤママユ」と「エーミール」のどちらかを考えさせる。 ●なぜ，クジャクヤママユを元どおりにしたかったのか，クジャクヤママユが元どおりになればどうなるのか考え，交流させる。	★「僕」の心情の変化について，描写を基に考えている。 **思**（ワークシートの記述，交流での発言）

まとめ（5分）本時の学習の振り返りと見通しを確認する。

③次時の見通しをもつ。		

⑶ 本時展開のポイント

①本時の学習課題について

前時で,「大きな満足感」と括られているちょうを盗んだときの「僕」の気持ちを具体的に考えたことで，学習者の多くは,「僕」にはクジャクヤママユしか目に入っていないこと，エーミールに対して罪の意識を感じていないことを読み取っていた。これを踏まえて，本時では,「なぜ，ちょうを元どおりにしたかったのか」という問いを通して，ちょうが潰れてしまった後の「僕」の気持ちを考えさせる。まず「僕」の気持ちが分かる本文の記述を抜き出し,「僕」の心を苦しめたのが潰れてしまったちょうであることを確認した後,「僕」がクジャクヤママユを元どおりにしたいのは何のためかを考えさせた。ワークシートには「『僕』のため」「ちょうのため」「エーミールのため」という選択肢を示し，その中から選ばせ，理由を記述させた。なお，一つに絞れない場合は，複数を選んでもよいこととした。この課題を通して,「ちょう」を元どおりにすることで，盗みをした罪とちょうを潰した罪のどちらをなかったことにしたかったのかについても，考えさせようとした。

②学習活動終了時までに小見出しを付ける

本単元では，授業が終わるまでに，その時間に扱った場面に「『僕』が○○する場面」という文型で小見出しを付ける課題を課した。文の型を決めることで学習者の負担感を軽減するとともに，場面中の情報を整理し，関係付けることができることを目指した。

③学習者の考えを一覧にしてフィードバックする

ワークシートを毎時回収し，学習者が書いた考えを授業者がまとめて授業の冒頭で配付し，学習者全員で共有できるようにした（「8　資料」参照)。発言や交流の時間が制限された状況であったため，発言による話合いと並行して，紙面を介して前時に仲間が考えたことを読み合い，共有する時間を設けた。

④朱書きメモの活用による他者との交流

対面での話合いが行いにくい状況だったため，板書を中心に考えの交流を行い，仲間の発言の中で納得するものや説得されたことについて朱書きでメモを取るようにさせた。

6 本時の展開（第6時）

(1) 本時の目標

●大人になった「客」が「けがしてしまった思い出」を語ることで「私」に伝えたかったのはどんなことか考えることができる。

(2) 本時の指導案

学習活動	指導上の留意点	評価（方法）
導入（10分）前時の振り返りと本時の学習課題を確認する。		
①前時の振り返りをし，本時の目標「『客』が伝えたかったのはどんなことかを考える」を確認する。	●学習者が前時のワークシートに書いた考えを一覧にして，配付する。 ●本時が終わるまでに，場面に小見出しを付けるように指示する。	★場面の中で起きた出来事を踏まえた小見出しを付けている。 知（ワークシートの記述）
展開（30分）「僕（客）」が伝えたかったのはどんなことか考える		
②各自で音読し，学習場面を捉える。 ③「僕」はちょうを潰したとき，どんなことを思っていたのか考え，交流する。 ④「客」が伝えたかったのはどんなことか考える。	●「何のためにちょうを潰したのか」「『僕』にとってちょうはどんなものだったか」も，併せて考えさせる。 ●前時までに考えたことをまとめた個人ポートフォリオを配り，読む時間を設ける。 ●思い出（事実）と大人の「客」が伝えたいこと（心情）を踏まえたものになるよう指示する。	★「『客』が伝えたかったのはどんなことか」について，本文を根拠として記述している。 思（ワークシートの記述）
まとめ（10分）学習課題について考えたことを交流する。		
⑤考えを交流する。 ⑥単元を終えての感想や考えたことを書く。		

(3) 本時展開のポイント

①前半の学習課題について

本時の前半では，「僕」がどのような気持ちでちょうを「一つ一つ」潰していったのかを考える課題を設定した。これに対しては,「ちょうへの償い」「エーミールへの償い」「エーミールへの怒り」「自分自身への怒り」「記憶から消去したい」「ちょうを持っている資格がないと思った」等の回答が予想される。個人ポートフォリオも活用し，これまでに考えてきたことが反映されるように支援する。

交流の中では，潰した「ちょう」が「僕」にとってどんなものであるかについても考えさせ，共有する。学習者からは「宝物」や「大切にしていたもの」等，題名である「少年の日の思い出」にまつわるものが返ってくると想定していた。こうした読みは，「僕」がちょう集めをやめた理由につながっていく。ここで考えたことが，後半の学習課題「『客』が伝えたかったのはどんなことか」を考える際に反映できるようにしたい。

②後半の学習課題について

本時の後半では，単元のまとめとして，「大人になった『客』が『私』に伝えたかったのはどんなことか」について考えさせた。これは，単元の最初に設定した「『僕』がけがしてしまった思い出はどんなことか」についての考えが，これまでの学習を通してどのように変容したか考えさせることをねらいとした課題である。問い方を変えたのは，第１時で考えたことに引きずられないようにしたかったのと，「客」の思いを直接考えるほうが学習者は答えやすいだろうと判断したためである。

これまでの学習で，学習者は，少年の頃の「僕」の内面について「僕」が語っていないことまで丁寧に読み解いてきた。それを踏まえ，ワークシートには，そうした出来事のうち，どれ（事実）が「客」の心を苦しめたのか，それを語ることでどんなこと（気持ち）を「私」に伝えたかったのか，分かってほしかったのかが分かるように記述するように指示した。「客」を苦しめている出来事（事実）を学習者が選び取っていく中で，思い出の中の出来事に重み付けができるようにするとともに，大人になった「客」の思いについても考えをもてるようにすることをねらいとした。

7 生徒の学びの姿

⑴ 描写を根拠にして登場人物の心情を読み取り始めた学習者Ａ

本単元を通して，出来事の表面的な部分しか捉えることができていなかった学習者も，学習を重ねることで登場人物の心情や内面を踏まえて考えるようになっていった。

学習者Ａは，本単元開始前，発言には積極的ではあるが，思ったこと感じたことをすぐに発言することが多く，理由や根拠を求めると困ってしまう姿がよく見られた。また，自分の役割を終えたり発言を終えたりした後には，学習に対して消極的になるという面もあった。しかし，本単元を通して学習者Ａの取組み方に変容が見られるようになった。

第２時の学習活動「『僕』はエーミールのことをどう思っているか考える」で，学習者Ａは「嫌いだと思う」を選び，その理由として「『僕』がとってきたちょうに対して難癖をつけてきたから」と記述した。学習者Ａの挙げた理由は，エーミールの言動を挙げただけの表面的なもので，そう言われたときの「僕」の心情にまでは触れていなかった。

それが，第４時の学習活動「なぜ，ちょうを元どおりにしたかったのかを考える」で「『僕』のため」を選んだ際には，その理由として「つぶれたちょうを見られるのが不安だったり，恐れているところがあったので。エーミールがこれを見たら，きっと怒るから，元どおりにして何事もなかったようにしたい」と記述した。このときの学習者Aは，エーミールの反応を想像し，その上で「僕」がどのように感じるかを考えることができている。

更に，第6時の学習活動「『僕』は『ちょう』をつぶしたとき，どんなことを思っていたのか」に対しては，個人ポートフォリオを見返しながら考え，「エーミールの大切な宝物をつぶした『僕』に，ちょうを集める資格なんかない」と記述した。第4時で捉えた「僕」の心理を踏まえ，エーミールにとってのちょうの価値を考え，それに見合った「僕」の内面へと目を向けられていた。

また，交流の場面では，自分の考えを発表するだけでなく，仲間の発言にも耳を傾けようとする姿が目に付くようになった。友達の考えで共感したことや参考になったことはメモを取るように指示していたが，学習活動を重ねるたびに書き込む量が増え，互いの考えを知ろう，聞こうという意識をもって取り組む姿勢が見えるようになった。

⑵ 学習者Bとの交流で，本文を踏まえた読み方ができるようになった学習者C

学習者Bは，自分の考えをもっているものの，グループ活動や全体での発表に対してはやや遠慮気味な生徒であった。第2時では「少し好きであると思う」を選び，その理由として「彼のことを悪く言っているところもあるが，『宝石のようなものになる』や，『非常に難しい珍しい技術を心得ていた』とほめているので好きなところもあるのではないかと思ったから。『僕』はエーミールのことをすごいと言っているので，認めて欲しかったから見せに行った」と，描写を引用して的確に説明することができていた。学習者Bは，発言こそ少ないものの，紙面での交流なども使って周囲の学習者との交流はできていた。その結果，学習者Bの意見は周囲の学習者に影響を与え，他の生徒の記述内容が変わっていった。

学習者Cは，長文を読み取ることを苦手とし，自分の考えをまとめることに時間を要していたが，学習者Bとの交流の中で，本文を踏まえて登場人物の気持ちを読み取ることに対して前向きになっていった。例えば第4時の学習活動では，ワークシートに「自分のためでも少しはあったかもしれないけど，一番大きいのはエーミールのためだと思う。エーミールが一生懸命自分で見つけてとても珍しいちょうなので，元通りにしたいって気持ちは，エーミールに申し訳ないと思ったからだと思う」と記述していた。交流による対話の中で本文に対する読み取り方が変わり，考え方が広がっていったように感じた。

8 資料

(1) 学習者Aのワークシート（第4時）

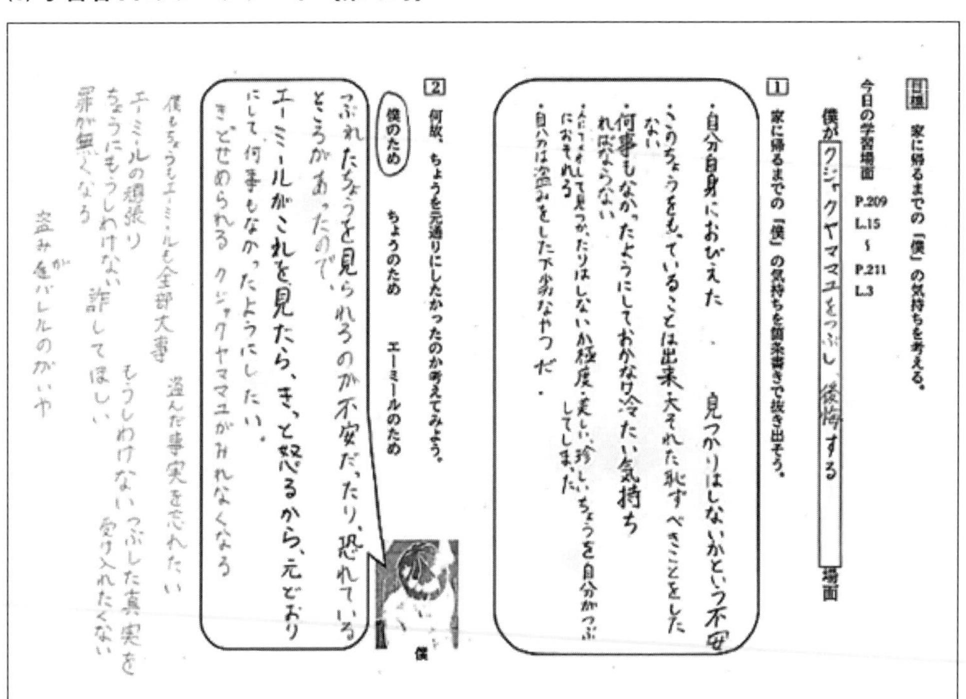

目標　家に帰るまでの「僕」の気持ちを考える。

今日の学習場面　P.209 L.15 ～ P.211 L.3

僕が クジャクヤママユをつぶし 後悔する 場面

1 家に帰るまでの「僕」の気持ちを箇条書きで抜き出そう。

・自分自身におびえた　・見つかりはしないかという不安
・このちょうをもっていることは出来ない　大それた恥ずべきことをした
・何事もなかったようにしておかなければならない　冷たい気持ち
・人にばれて見つかりはしないか極度におそれる　・美しい珍しいちょうを自分がつぶしてしまった
・自分は盗みをした下劣なやつだ。

2 何故、ちょうを元通りにしたかったのか考えてみよう。

僕のため　　ちょうのため　　エーミールのため

つぶれたちょうを見られるのが不安だ、たり、恐れているところがあったので、エーミールがこれを見たら、きっと怒るから、元どおりにして何事もなかったようにしたい。
きとせめられる　クジャクヤママユがみれなくなる

僕

僕もちょうもエーミールも全部大事　盗んだ事実を忘れたい
エーミールの頑張り　もうしわけない　つぶした真実を
ちょうにもうしわけない　許してほしい　受け入れたくない
罪が無くなる
盗みがバレルのがいや

(2) 第4時の学習者の記述一覧（第5時の冒頭に配付）

何故、ちょうを元に戻したかったのか考える。
僕のため　エーミールのため ・元通りにすると、エーミールにバレない！！ ・エーミールに謝ったとしても、完全には許してもらえないと思ったから。 ・エーミールが、なかなかお目にかからないちょうをせっかくここまできたから。
僕のため 自分のことしか考えてなく、これを見られたらどうしようというパニック状態になっているし、これを忘れたかった。
僕のため 僕は軽蔑、罵倒、罰を受けたくないから元通りにしなければ。
僕のため ちょうを元通りにしなかったらもう本物が見れなくなる。元に戻ったらまた見に来れるから。
僕のため このちょうを元のように戻すことができたら、僕が犯した盗みという罪はなくなるし、またきれいな状態でのちょうを見ることができる。これを見せたら一石二鳥だ。
ちょうのため 僕は熱情的な収集家で盗みをしたという気持ちよりも自分がつぶしてしまった、美しい珍しいちょうを見ている方が僕の心を苦しめたと言っているので。
僕のため つぶれたちょうを見られるのが不安だったり、恐れているところがあったので、エーミールがこれを見たら、きっと怒るから、元通りにして、何事も無かったようにしたい。
僕のため 盗んだことがばれたくない。僕のせいでつぶれたということがばれたくない。ちょうのつぶれた姿を見たくない。エーミールや親にばれたくない。
エーミールのため 自分のためでも少しはあったかもしれないけど、一番大きいのはエーミールのためだと思う。エーミールが一生懸命自分で見つけてとても珍しいちょうなので、元通りにしたいって気持ちは、エーミールに申し訳ないと思ったからだと思う。
僕のため(母のため?) 僕が盗んでつぶしてしまったことはばれたくない。母さんや父さんにばれてしまったらすごく怒られるだろ
全てのため 僕は、全てのために元通りにしたかったんだ。誰も悲しまなくていいようにだ。全てが元通りになると、エーミールも悲しまないし僕の罪もない。
エーミールのため エーミールが何日、何時間かけて育てたエーミールの宝クジャクヤママユを僕の手で壊してしまったので、申し訳ないという気持ちや許してほしいという思い。
僕のため これが元通りになったら僕のしてしまったことは無かったことになる。

⑶ 第６時の学習者回答一覧（単元終了後に配付）

僕（客）が私に伝えたかったのはどんなことか。

僕が伝えたかったのは……

- たとえどんなことがあっても人の物を盗んだり壊したりしてはいけない。一度やってしまったことは鉛筆で書いた文字みたいには消えない。一生残る。
- 楽しい思い出はあるが、けがしてしまった思い出もあるから他の人の思い出をけがさないことを伝えたかった。
- どんなに素晴らしい思い出があっても、一つの大きな過ちで全て台なしになるということ。
- 自分の思い通りに行動すると自分の思い通りにならない。
- 自分のせいで苦しむ人がたくさん出てくるし、自分も同じくらいにつらく、苦しむ、その思いは一生続く。
- どんなに好きなことできらきらしていたことでも、自分の手で壊してしまうと、一生取り返しのつかないことになる。だから、熱中しているのなら、後で思い返した時きらきらした思い出になるようにしなければいけないということ。
- 一度起きたことは、もう償いのできないということ。
- 一瞬の行いで、全てが台なしになるということ。後悔しても後悔しきれない。
- ・人の物を勝手に取ってそのあとに自分がどのような後悔をしながら過ごしていたかを伝えたかったんじゃないかなと思った。
・今でも忘れられないような少年時代の思い。
- 一つ一つの行動を考えて、動く。
- 僕と同じようになるなよということを伝えたかった。特に、盗みなどをしたら罪悪感にさいなまれるから。
- 自分の欲や満足感で、その人やその人たちの自分だけの少年の日の思い出を壊してはならないと言いたかった。
- 僕が子どもの時の思い出をけがしてしまったように、私の子どもも思い出をけがすことがないようにしてほしい。

⑷ 学習者の個人ポートフォリオ例

今までの学習で自分が考えたこと

1時間目 僕が「けがしてしまった思い出」はどんなことか

エーミールのクジャクヤママユを盗み、つぶしてしまい、自分の集めていたちょうたちをつぶしていったこと。

2時間目 僕はエーミールのことをどう思っているか

少し好き
彼のことを悪く言っているところもあるが、「宝石のようなものになる」や、「非常に難しい珍しい技術を心得ていた」とほめているので好きなところもあるのではないかと思ったから。
僕はエーミールのことをすごいと言っているので、認めて欲しかったから見せに行った。

3時間目 クジャクヤママユを盗んだ「僕」の気持ちについて

① クジャクヤママユのうわさを聞いた時。 ② 入り口は開いていることがわかった時。
③ クジャクヤママユを間近から眺めた時。 ④ てのひらに載せて部屋から持ち出した時。

①「すげー、かっこいいな、ずるいな、くやしい、クジャクヤママユが見れるんだ」
②「入るんはまずいかな。でも見たいな。今はエーミールもおらんし、タイミング良いかも、早く見たいな」
③「かっこいい、あいつだけもっていいな一、ずるいな一、僕もほしい、こんなきれいなものあるんや、美しい、やばっ」
④「やった、手に入ったぞ、みんなに自慢しよ、やっと手に入るんや」

4時間目 何故、ちょうを元通りにしたかったのか

僕のため
盗んだことがばれたくない。僕のせいでつぶれたということがばれたくない。ちょうのつぶれた姿を見たくない。エーミールや親にばれたくない。

5時間目 「その瞬間」の「僕」は何に怒っているのか

どんなに取り扱っているか見ることができたという部分に怒った。言い返せないし、もっともなことだからこそ腹が立った。ちょうを集めていたことを全て否定されたように感じたから。

「僕」の怒りについてどう思うか

そこはがまんすべき場面だと思う。自分が盗みつぶしてしまったので自分が悪いからそこはおさえる。

6時間目 「僕」は「ちょう」をつぶした時、どんなことを思っていたのか。

エーミールは（ちょうを）つぶされた時、こんなことを思っていたのか。悲しい、ちょうがかわいそう、腹が立つ、エーミールは自分でつぶしたのではなく、他人につぶされたのでもっと腹も立つし、悲しかったんだろうな。

「僕（客）」が私に伝えたかったのはどんなことか。

一瞬の行いで、全てが台なしになるということ。後悔しても後悔しきれない

〈土井　都善〉

授業展開2

「少年の日の思い出」を読んで，主人公の心情の変化を語り合おう

～「対話」を通して主体的に読み深める～

1 単元の目標

- 語句の辞書的な意味と文脈上の意味との関係に注意して話や文章の中で使うことを通して，語感を磨き語彙を豊かにすることができる。〔知識及び技能〕(1)ウ
- 場面の展開や登場人物の相互関係，心情の変化などについて，描写を基に捉えることができる。〔思考力，判断力，表現力等〕C(1)イ
- 場面と場面，場面と描写などを結び付けたりして，内容を解釈することができる。〔思考力，判断力，表現力等〕C(1)ウ
- 言葉がもつ価値に気付くとともに，進んで読書をし，我が国の言語文化を大切にして，思いや考えを伝え合おうとする。〔学びに向かう力，人間性等〕

2 単元の設定

(1) 単元設定の理由

これまで生徒は「花曇りの向こう」「星の花が降るころに」「大人になれなかった弟たちに……」（光村図書所収）といった文学的な文章を学習してきた。そこでは主に，主人公の気持ちを象徴する語句を見付け，それを手がかりに心情の変化を捉えたり，読後の疑問点を交流し，描写を根拠に疑問点を明らかにすることで，内容の解釈を行ったりしてきた。豊かな言語活動を行う一方で，読解の根拠を一場面の描写のみに求めたり，語句の意味を無視した表面的な読解に終始したり，その「深まり」の部分には課題が見られた。

平成29年3月告示の中学校学習指導要領では，「主体的・対話的で深い学びの実現に向けた授業改善」が挙げられている。学習者自身が必然性をもって，本文の語句・描写を根拠にしながら，多様な考えをもつ他者と交流し，主体的に読みを深めていく学習によって，先述の課題を克服していくことが大切である。

本単元では，「思考力，判断力，表現力等」C読むことの(1)イ，ウに示された資質・能力を効果的に育成するため，自分たちで学習課題を設定・検討し，その読解を基に語り合う活動を設定する。関連する「知識及び技能」として(1)ウを位置付ける。

(2) 単元展開の特色

本単元は，まず初読における生徒の疑問点を学習課題へとつなげている点に大きな特色がある。本文通読後，「○○が△△したのはなぜか」という型で疑問を書かせ，作品への「対

話の入り口」を形成した。その後，「どの問いを考えることが最も読み深めにつながるか」について，ワークシート（「8　資料」参照）を基に各班で話し合うとともに，大課題とそれを解決するための小課題を絞り込む時間を単元の前半に設けた。単元前半から互いの読みを「対話」を通して繰り返し交流できる点が，読むことへの必然性・主体性を生むと考えた。なお，大課題は概ね「『僕』はなぜちょうを一つ一つ取り出して，指で粉々に押しつぶしてしまったのか」に収束した。

次に，単元前半で設定した学習課題を「ジグソー学習」の手法を援用しながら展開した点に特色がある。「ジグソー学習」とは，仲間との学び合いの場をベースとしながら，「学習班」と「研究班」に所属し，それぞれの仲間と対話を通して課題解決を行う学習展開に特徴がある。本実践においては，「研究班」での活動においてより多くの「対話」が実現するよう，「学びの地図」と称した生徒の担当課題を一覧にした表を配付し，自分が担当している課題と他の課題との関連を検討させた。同じ課題同士での交流ではなく，多様な課題に取り組む他者との「対話」を通して，重層的な読みの交流を目指した。また「研究班」での活動を「学習班」でまとめる際，「ただ報告をしただけ」の状態に陥らないよう，「Google Jamboard」を活用した話合い活動を行い，「対話」の可視化を図った。

3 評価

(1) 評価規準

知識・技能	思考・判断・表現	主体的に学習に取り組む態度
①語句の辞書的な意味と文脈上の意味との関係に注意して話や文章の中で使うことを通して，語感を磨き語彙を豊かにしている。	①「読むこと」において，場面の展開や登場人物の相互関係，心情の変化などについて，描写を基に捉えている。 ②「読むこと」において，場面と場面，場面と描写などを結び付けて，内容を解釈している。	①積極的に場面と描写などを結び付け，学習課題に沿って考えたことを語り合おうとしている。

(2) 評価方法のポイント

- 第3時及び第4時に，各自が担当する小課題についての考えを書くに当たり，どのような語句・描写に注目したかが分かるよう，それぞれに色を分けて線を引くよう指示をしている。この部分を中心に学習評価を行う。
- 第6時に，大課題について考えたことをワークシートにまとめる際，「これまで小課題で考えてきた内容」を活用した部分に「①」の記号を付すことを条件にしている。この部分を中心に学習評価を行う。加えて，これまでの学習を生かして「②」語句，「③」描写，に注目して説明している記述については，文章を深く理解しようとしている姿と捉えることとした。

4 単元の指導計画（全6時間）

時	学習内容	学習活動	評価規準
1・2	●本文を通読し，話の展開や内容の大体をつかむ。	①学習のねらいや進め方をつかみ，学習の見通しをもつ。 ②初読の感想及び疑問をワークシートに記述する。	
	●疑問を一覧にまとめたワークシートを見ながら，各班で大課題と小課題を決定する。	③教科書を読むことで解決できる問いについて班で答えを共有する。 ④「どの問いを考えることが最も読み深めにつながるか」という視点で対話を行う。	★「読むこと」において，場面の展開や登場人物の相互関係，心情の変化などについて，描写を基に捉えている。思①
3・4	●各自が担当する小課題を決め，語句や描写を根拠にしながら，考えをまとめる。	⑤作品における様子や場面，行動や心情について考えたことをワークシートにまとめ，「学習班」で「対話」する。	★語句の辞書的な意味と文脈上の意味との関係に注意して話や文章の中で使うことを通して，語感を磨き語彙を豊かにしている。知
	●担当課題を一覧にした表を手がかりに「研究班」での交流計画を立て，多様な他者と「対話」を行う。	⑥各課題が何を明らかにすることにつながっているのかを俯瞰する。 ⑦「対話」を通して，多様な語句・描写に触れながら読みを更新する。	
	●「対話」での学びを活用して小課題についての考えをまとめる。	⑧「対話」を通して新たに得た語句や描写をメモし，それらを活用して小課題についての考えをワークシートにまとめる。	★「読むこと」において，場面の展開や登場人物の相互関係，心情の変化などについて，描写を基に捉えている。思①
5・6	●自分の考えを語り合い，読解を共有する。	⑨小課題を通して明らかになったことについて，「Google Jamboard」(※)の付箋機能を用いながら語り合う。	★積極的に場面と描写などを結び付け，学習課題に沿って考えたことを語り合おうとしている。態
	●小課題を関連させながら，大課題について「学習班」でまとめる。	⑩語り合ったことを基に，小課題と大課題とのつながりを検討し，気付きをGoogle Jamboard の付箋機能でメモする。	

●これまでの学習を生かして，大課題について考えたことを個人でワークシートにまとめる。 ●単元での学習を振り返り、身に付けた資質・能力について確認する。	⑪これまで学習してきた，語句や描写という視点に加えて，複数の場面を相互に結び付けることで，場面や描写に新たな意味付けを行う。	★「読むこと」において，場面と場面，場面と描写などを結び付けて，内容を解釈している。**思②**

※ Google が提供する「Google Workspace for Education」のアプリの一つ。デジタルホワイトボードの機能をもつ。

5 本時の展開①（第4時）

(1) 本時の目標

●本文中の語句と描写を根拠に，小課題についての考えをまとめることができる。

(2) 本時の指導案

学習活動	指導上の留意点	評価（方法）
導入（5分）前時までの学習を振り返り，本時の見通しをもつ。		
①前時までの学習を振り返り，本時の見通しをもつ。	●「学習の流れ」を黒板に提示し，前時に考えた自身の考えを「対話」を通して深めることを確認させる。	
展開（30分）「対話」を通して，多様な語句・描写に触れながら読みを更新する。		
②各課題が何を明らかにすることにつながっているのかを俯瞰する。 ③自分の小課題と関連する人と「対話」を行う。	●「学びの地図」と称した，生徒の担当課題を一覧にした表を配付し，自分が担当している課題とクラスの仲間が担当している課題との関連を検討させる。 ●「対話」を通して，多様な語句・描写に触れさせるとともに，新たに獲得した視点をメモさせる。	
まとめ（15分）新たに獲得した視点のメモを基に，小課題についてまとめる。		
④「対話」を通して新たに得た語句や描写を記したメモを活用して，小課題についての考えをワークシートにまとめる。	●どのような語句・描写に注目したかが分かるよう，それぞれに色を分けて線を引かせる。	★「読むこと」において，場面の展開や登場人物の相互関係，心情の変化などについて，描写を基に捉えている。**思①**（ワークシートの記述）

⑶ 本時展開のポイント

①「学びの地図」による「対話」の検討

本時では「ジグソー学習」の手法を援用した。「学習班」（４人）で，約30ある初読の疑問の中から大課題及び大課題を解決していくための小課題を決定し，それらを班内で割り振った後，各自で考えを形成した。従来型のジグソー学習なら同じ課題を担当している生徒同士で「研究班」を組織するが，本実践では，各学習班で小課題が異なる仕組みを採っているため，自分の課題に，自分以外誰も取り組んでいない場合が想定される。そこで，自分の課題は他のどの課題と関連するかを，「学びの地図」を手がかりにして「学習班」で検討させた。そのことにより，交流するための視点を予めもった状態で，それぞれが「対話」に臨むことが可能になった。なお，「読みを深めるための『対話』の窓」は，読みの深まりに課題が見られる場合の手立てを指導資料としてメモしており（生徒配付用には記載していない），机間指導の中で適宜用いた（「8　資料」参照）。

番号	名前	課題番号	疑問	明らかになる人物像・こと	読みを深めるための「対話」の窓
12		2	客（彼）はなぜ微笑したのか。	僕（大人になった）	⑤の⑶まで
38		4	客はなぜ話すことも恥ずかしいのに、思い出を話したのか。 （語る設定を最初に持ってきたのか。）	僕（大人になった）	⑤
2		5	作者はなぜ情景描写に比喩を多用するのか。 （例）窓全体が不透明に青い……	作者の意図	・どの情景描写に着目するかを確定する。 ・その情景描写が暗示していることや読者が受け取る印象を明らかにする。
14		11	作者はなぜ「強く匂う、乾いた荒野の、焼けつくような昼下がり……」とい	僕（大人になった）	①
3		15	エーミールはなぜ僕の蝶に難癖をつけたのか。	エーミール	①
9		15	エーミールはなぜ僕の蝶に難癖をつけたのか。	エーミール	①

生徒に配付した「学びの地図」の一部

②語句・描写を意識させる工夫

本時における評価規準は「『読むこと』において，場面の展開や登場人物の相互関係，心情の変化などについて，描写を基に捉えている」かである。加えて，「知識・技能」の⑴ウとの関連を図っている。そこで，どのような語句・描写に注目したかが分かるよう，それぞれに色を分けて線を引かせた。このことにより，生徒は自分自身の読みが根拠をもったものであるかを振り返ることができる。また，教師は生徒が線を引いた箇所を中心に確認を行えばよいので，机間指導及び学習評価が容易になる。

6 本時の展開②〔第５時〕

⑴ 本時の目標

●場面と場面，場面と描写などを結び付けながら小課題や大課題について自分の考えを語り合い，考えをまとめることができる。

⑵ 本時の指導案

学習活動	指導上の留意点	評価（方法）
導入（5分）前時までの学習を振り返り，本時の見通しをもつ。		
①前時までの学習を振り返り，本時の見通しをもつ。	●「学習の流れ」を黒板に提示し，前時に考えた自身の考えを「対話」を通して深めるとともに，大課題について検討することを確認させる。	
展開（35分）「対話」を通して，小課題での学びを結び付け，大課題を考える。		
②小課題を通して明らかになったことについて，Google Jamboard を用いながら語り合う。 ③語り合ったことを基に，小課題と大課題とのつながりを検討する。	●事前に，Google Jamboard 上に前時の生徒の記述を貼り付けておく。 ●各自の記述について語り合いながら，付箋機能を用いて内容を要約させる。 ●語り合った内容や付箋の内容を結び付けて，大課題について考える。 ●付箋の色を変えて，大課題に関する自分たちの考えをまとめさせる。	★積極的に場面と描写などを結び付け，学習課題に沿って考えたことを語り合おうとしている。**態** （交流の様子の観察）
まとめ（10分）大課題についての自分たちの考えと他の班の考えとを比較する。		
④他の班のまとめを見ながら，考えを比較する。	● Google Jamboard 上で他の班のまとめを閲覧後，自分たちの読みと比較させる。	

⑶ 本時展開のポイント

① Google Jamboard による「対話」の充実

本時は，「ジグソー学習」の流れの上では，「研究班」での活動を終えて「学習班」に戻り，学びを統合する段階に当たる。ここで懸念されるのは，「研究班」での学びで考えたことが「ただ報告をするだけ」の状態に陥ってしまうことである。「研究班」での学びを「学習班」で単に報告するのではなく，大課題の解決に向けて収斂していくような「対話」を目指したい。そこで Google が提供する「Google Workspace for Education」のアプリの一つで，デジタルホワイトボードの機能をもつ「Google Jamboard」を活用した。授業はパソコン室で行い，4人グループに2台のパソコンで取り組ませた。

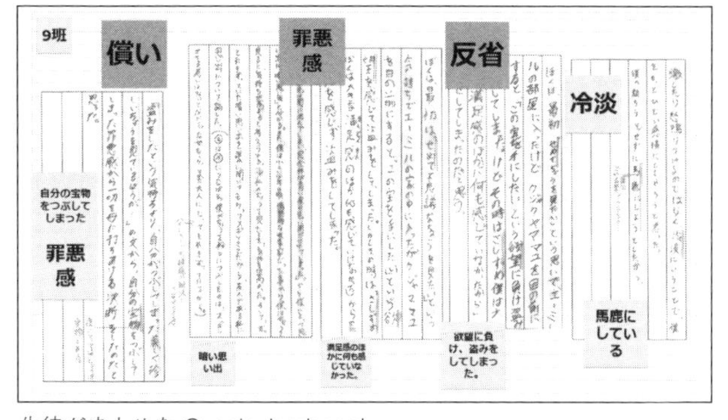

生徒がまとめた Google Jamboard

Google Jamboard を「対話」において活用することの最大の利点は，話合いを可視化できることである。拡大・縮小が自由な付箋機能を用いて，互いの小課題を要約していく作業を取り入れることで，自然発生的に「対話」が生まれる。また，大課題の解決に向けて，小課題での学びを結び付けていく際は，全員が一つのパソコン画面に向かうよう指示した。単なる作業に終始させるのではなく，じっくりと思考させる時間を確保することが，自分の考えを語り合い，考えをまとめることへとつながるのである。

②生徒の「対話」を見取るための視点

「主体的に学習に取り組む態度」の評価規準を実現した状況を，「小課題で検討した場面や描写などを結び付けながら語り合ったり，気付いた内容を Google Jamboard の付箋にメモしたりしようとしている」姿として捉え，第5時に評価した。第5時は，これまで検討してきた小課題を統合し，大課題へとつなげていく時間である。例えば，自分が考えた小課題と他者の小課題との結び付きを検討するために，「学習班」の仲間と語り合おうとする姿から，粘り強さを確認した。また，次時で文章にまとめるために，「学習班」の仲間と語り合う中で気が付いたことや，他の班の Google Jamboard とを比較して気が付いたことを Google Jamboard の付箋にメモしている姿から，自らの学習の調整を確認した。

生徒が主体的に学習に取り組む様子

また，他の生徒の考えを参考にしようとする姿が見られない生徒については「努力を要する」状況（C）と判断し，課題解決のための見通しについて再確認するよう指導した。

7 生徒の学びの姿

(1) 小課題における記述の例

「思考・判断・表現」①の評価規準を実現した状況を，「語句や描写を根拠にして登場人物の心情を捉えている姿」として捉え，ワークシートの記述を基に第4時に評価した。

例えば，生徒Dの「学習班」では大課題を「『僕』はなぜちょうを一つ一つ取り出して，指で粉々に押しつぶしてしまったのか」に設定し，生徒Dは自身の小課題として「客はなぜ話すことも恥ずかしいのに，思い出を話したのか」を選んだ。生徒Dはまず，「外の景色は闇に沈んでしまい、窓全体が不透明な青い夜の色に閉ざされてしまった」という情景描写を根拠に，これから語られる思い出が暗い物語であると暗示していることに言及している。そして，「熱情的」という語句の意味を捉えながら，「僕」のちょうに対する心情の説明へと結び付けている。描写に加えて語句を根拠にして大人になった「僕」の心情を捉えようとしていることから，「おおむね満足できる」状況（B）と判断した。更に，「押しつぶす行為の意味は，単にスッキリするためではない」と，ここでの読解が大課題とどのように結び付くのかについて検討している。これらのことから，生徒Dの記述を「十分満足できる」状況（A）と判断した。

生徒Dの小課題における記述

〈客はなぜ話すことも恥ずかしいのに、思い出を話したのか。〉

本文中の「外の景色は闇に～閉ざされてしまった。」から「僕」にとって思い出は「暗い思い出」と読み取れる。また、「僕」は小さい少年の頃、「熱情的」な収集家だった。「熱情」とは「激しく血がたぎるような感情」である。このことから、大人になった「僕」は今でもちょうを見ると気持ちが高まると考えられる。熱情が入り混じった暗い思い出を誰かに聞いてもらうことで、スッキリしたいから友人である私に思い出について話した。（このように考えると、少年の日の「僕」が最後にちょうを押しつぶす行為は、単にスッキリするためではないことが分かる。なぜなら、まだ大人になっても少年の日の思い出を引きずっているからだ。）

⑵ 大課題における記述の例

「思考・判断・表現」②の評価規準を実現した状況を，「小課題で考えてきた内容を活用して描写の意味を考えている姿」として捉え，ワークシートの記述を基に第６時に評価した。

例えば，生徒Ｅはワークシートに２か所「傍線①」を付していた。生徒Ｅは「学習班」で設定した小課題のうち，ア「エーミールはなぜ『僕』のちょうに難癖をつけたのか」，イ「『僕』はなぜ勇気を起こして，一切を母に打ち明けたのか」を用いて記述を行っている。この「学習班」では，アの問いを考察した生徒が報告した，「僕：ちょう＝『宝物』／エーミール：ちょう＝『宝石』」という構図を班内で共有していた。また，イの問いを考察した生徒が報告した，「心を苦しめたこと→盗みをしたこと<ちょうをつぶしたこと」という図式も班内で共有していた。生徒Ｅの記述は，以上の内容を活用して，最後のちょうを押し潰す行為の意味付けを行っていることから，「おおむね満足できる」状況（B）と判断した。

【生徒Eの大課題における記述】

〈僕はなぜちょうを一つ一つ取り出して、指で粉々に押しつぶしてしまったのか。〉

①僕にとってちょうは「宝物」だと例えられている。つまり自分にとって価値のあるものだ。そのようなものを「ぐしゃ」とつぶすことはできない。大切なものだからこそ、「一つ一つ」なのだ。そして「指で押しつぶす」から「罪悪感」「償い」の意味を読み取った。①「僕」はエーミールのちょうを盗んだことよりも「宝物」であるちょうをつぶしてしまったことに「罪悪感」を持っている。そしてそれを見透かすようにエーミールに軽蔑的な目で見られた。僕は「一度起きたことはもう償いのできない」ことを悟ったからこそ、自分の「宝物」をつぶすことでちょうに対して償いをしたのだ。

8 資料

⑴ 生徒の疑問を一覧にまとめたワークシート（第２時で使用）

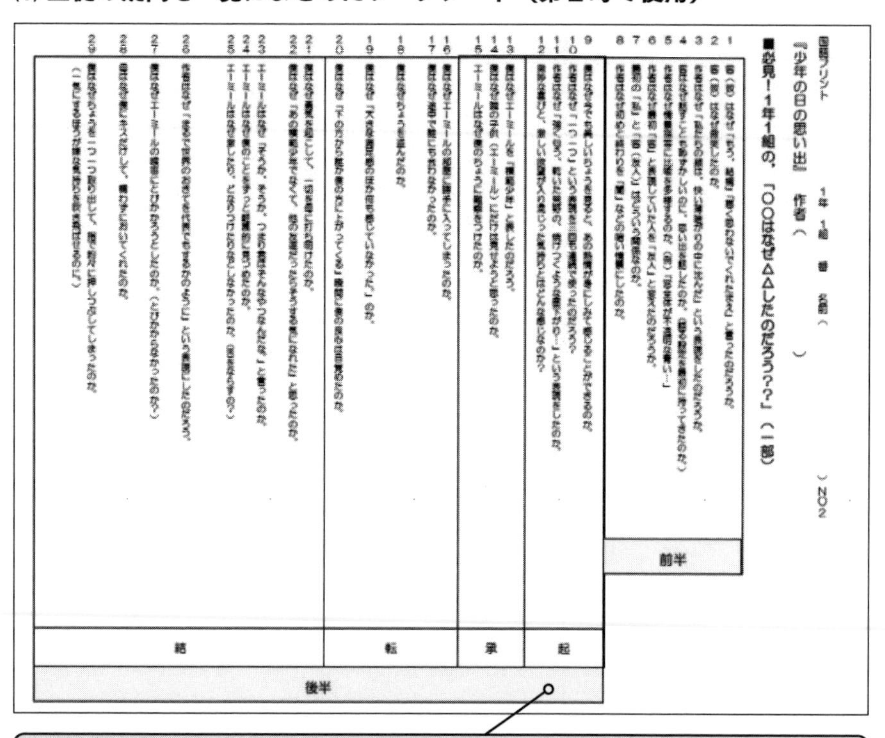

国語プリント　1年 1組 番 名前（　　）NO2

『少年の日の思い出』 作者（　　）

■必見！１年１組の「〇〇はなぜ△△したのだろう？？」（一部）

前半

起　承　転　結

後半

①物語の展開に即す形で生徒の疑問を並べることで，「構造と内容の把握」を行いやすくした。
②実際に配布したワークシートには誰がどの疑問を挙げたか，名前を付した。
③「コムラサキ」・「胴乱」・「展翅板」などイメージの湧きにくいと予想されるものは空いているスペースに画像で示した。即す形で生徒の疑問を並べることで，「構造と内容の把握」を行いやすくした。

⑵ 読みの深まりに課題が見られる生徒に配付した「読み深めカード」（一部）（第３・４時で使用）

読みを深めるための「対話」の窓

①【少年時代の「僕」について】

僕とエーミールが「ちょう」や「ちょう集め」のことをどう捉えていたかの語句・描写を手がかりに，２人の違いを明らかにしてみましょう。

（1）　p.205の中で、ちょう集めは何に例えられていますか。5字で抜き出しましょう。

（2）　p.205～p.207から、「僕」と「エーミール」がちょうをどのようにとらえていたか、それぞれのとらえ方が最もよく表れている熟語を2字で抜き出しましょう。

「僕」…　　　　「エーミール」…

（3）　（1）・（2）を踏まえて，「ちょう」・「ちょう集め」の捉え方について，２人にはどのような違いがあるか。比較しながら説明しましょう。

⑶ 生徒が作成した Google Jamboard の一部（第５時で使用）

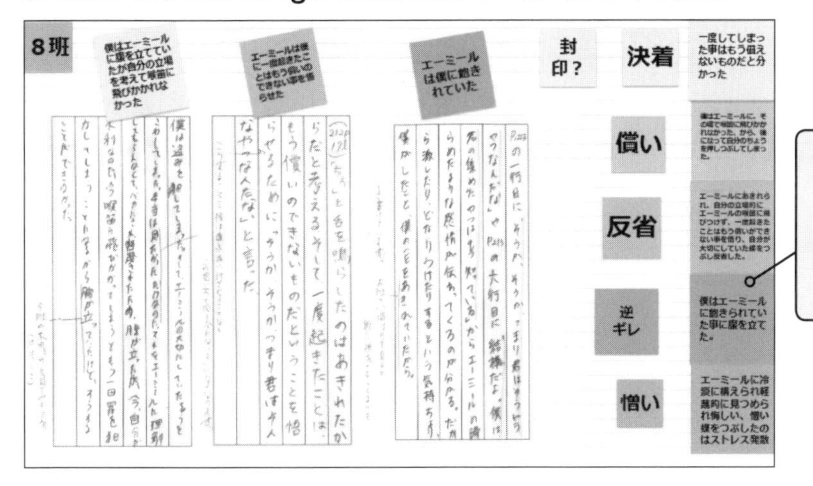

なお，下段にある「逆ギレ」「憎い」は他の班のボードを比較検討する中で後々消去された。

⑷ ワークシートの記述例（第６時で使用）

①「『僕』はなぜちょうを一つ一つ取り出して，指で粉々に押しつぶしてしまったのか」

私は最後のちょうを押しつぶす行為の意味は，「ちょうへの思いを断ち切るため」だと考えた。本文中にも書かれてあるように，僕にとってちょうは「宝物」だった。だからこそ，丁寧に「一つ一つ」つぶして，思い出を消去していった。僕は今までの思い出と「葛藤」しながらつぶしたと考えた。

「外の景色は闇に沈んでしまい，窓全体が不透明な青い夜の色に閉ざされてしまった。」という情景描写がある。「闇」を辞書で調べると，二つ目の意味に「暗く不安な様子」という意味がある。このことから，大人になった僕にとってちょうの収集は，闇のように暗く辛い思い出だということが分かる。大人になった「僕」はまだこの思い出から立ち直れていない。それは少年のあの日，ちょうへの思いを「断ち切っただけ」だからだと考えた。（許されてもないし，心も回復していない。）

②「『少年の日の思い出』という題にはどのような意味が含まれているのか」

「その思い出が不愉快ででもあるかのように～」から，今でも昔のことを引きずっていることが分かる。また，本文中でちょうを「宝物」・ちょう集めを「宝を探す」というほどちょうのことが好きで，この語句からちょうを集めることの「楽しさ」が伝わってくる。その「楽しさ」がある一方で，本文のはじめと終わりには「闇」という言葉がある。それには暗い気持ちを暗示する効果があり，「暗い思い出」というイメージへとつながる。少年時代の「楽しさ」「罪悪感」，昔の思い出に対する「恥ずかしさ」など，たくさんの感情を心に押し込めている。このような凝縮された状態を題名にしたと考える。

〈渡邊 博之〉

授業展開3

場面や描写を結び付けて，登場人物の心情の変化を捉えよう

～動作化と対話を手段として～

1 単元の目標

- 比較や分類，関係付けなどの情報の整理の仕方，引用の仕方や出典の示し方について理解を深め，それらを使うことができる。 〔知識及び技能〕(2)イ
- 「読むこと」において，目的に応じて必要な情報に着目して要約したり，場面と場面，場面と描写などを結び付けたりして，内容を解釈することができる。 〔思考力，判断力，表現力等〕C(1)ウ
- 言葉がもつ価値を認識するとともに，読書を通して自己を向上させ，我が国の言語文化に関わり，思いや考えを伝え合おうとする。 〔学びに向かう力，人間性等〕

2 単元の設定

(1) 単元設定の理由

本校では，読書を好む生徒が多く，学級文庫として置いてある本を手に取る様子も日常的に見られる。しかし，国語科の授業においては，それぞれの読む力には顕著な差があると感じられる。文章を一読しただけで，登場人物の心情やその変化を捉えることができる生徒もいれば，一方で手引きを示しても，文章を読む視点がつかめない生徒もいる。これらのように，生徒間における読む力に差が生じている要因の一つとして，文章を読んだ際に，その描写や叙述からイメージを形成できているか否かということが挙げられる。文章の描写や叙述を基に，登場人物の心情等を捉えられる生徒は，自分自身の思考，判断，表現の根底にイメージを据えている状況であることが多い。結果として，このイメージ形成の有無が生徒の読む力の差につながっている現状となっている。

何かを読み取ったり，何かを読み味わったりする中でイメージは形成され，更に，個々のイメージが対話を通して共有・議論されることで，子供たちの中には豊かな論理性や感性が育まれる。そこで，個々の生徒の読みが生かされながら，文章の解釈の類似や差異を互いが実感し，それらを積極的に追究しようとする主体的な対話の実現を目指したいと考えた。

本教材「少年の日の思い出」は，登場人物の心理や行動，更に情景といった描写表現が豊かであり，場面が大きく前後半で分かれているという特徴をもった作品である。特に，前半場面と後半場面のそれぞれにおいて，課題に基づきながら主人公「僕」の心情を読み

取り，それらを最終的に関連付けることで，文章の読解がより深まる。本作品を読むことにおいては，生徒の主体性を大切にしながら，課題を提示したり，手引きを行ったり，対話を働きかけたりすることに留意したい。

(2) 単元展開の特色

本単元の特色として，「読む力の育成のための動作化及び対話」と「イメージ形成に関する振り返り」を挙げる。

まず，「読む力の向上のための動作化，対話の効果的な手段化」として，「少年の日の思い出」の叙述や描写を基に場面を動作化する。例えば「登場人物同士の位置関係」という視点から場面を動作化する中で，それぞれのイメージが共通したり異なったりしていることに気付く。このイメージを擦り合わせようとすることは，明確な目的に基づいた他者との主体的な対話につながる。

次に，「イメージ形成に関する振り返り」として，本単元では振り返りを２回行う。その際，質問紙を用いて「文章を読むなかで，『僕』の表情が浮かびましたか」「文章を読むなかで，『僕』の心の揺れを感じられましたか」「文章を読むなかで，自分の過去の経験が思い起こされましたか」「今の自分と重ねたくなりましたか」といった項目を示し，「はい」か「いいえ」を答えさせる。１回目と２回目の動作化を終えた後で，このような質問紙を通して個々の生徒のイメージ形成の状況を把握することで，個に応じた適切な指導と評価の実現を試みた。

3 評価

(1) 評価規準

知識・技能	思考・判断・表現	主体的に学習に取り組む態度
●比較や分類，関係付けなどの情報の整理の仕方，引用の仕方や出典の示し方について理解を深め，それらを使っている。	●「読むこと」において，目的に応じて必要な情報に着目して要約したり，場面と場面，場面と描写などを結び付けたりして，内容を解釈している。	●進んで情報の整理の仕方，引用の仕方や出典の示し方について理解を深め，学習課題に沿って考えたことを台本やワークシートにまとめようとしている。

(2) 評価方法のポイント

- 「知識・技能」は，後半場面の「僕」と「エーミール」の会話や，やり取りの様子を班で動作化するために作成した台本が適切に整理されているかどうかを評価する。
- 「思考・判断・表現」は，前半の場面では，「『客』はいつ語ることを決めたのか」という課題を基に生徒が解釈したことを班で話し合い，ワークシートに記述させる。更に，後半の場面でも，「『僕』はエーミールに何を話したかったのか」という課題について動作化を通して生徒が解釈したことを班で話し合い，ワークシートに記述させる。これら前後半の場面においてそれぞれの課題について記述した内容を相互に関連付けながら，

「客（僕）」に起こった出来事に関する真意が言語化されているかどうかをワークシートで評価する。

●「主体的に学習に取り組む態度」は，ミニ台本を作成しようとする態度を観察を通して評価する。

4 単元の指導計画（全5時間）

時	学習内容	学習活動	評価規準
1	●学習計画表を参考にしながら，身に付けたい資質・能力，学習課題，そして言語活動を確認し，学習の見通しをもつ。 ●場面の前半部分における学習課題「『客』はいつ語ることを決めたのか」について考える。	①学習計画表にタイムテーブルを書く。 ②心理，情景，行動といった各描写や叙述を根拠として示しながらワークシートに考えを書く。	★「読むこと」において，目的に応じて必要な情報に着目して要約したり，場面と場面，場面と描写などを結び付けたりして，内容を解釈している。思
2	●学習課題について考えたことを班で確認する。 ●班での交流を全体で共有する。	③根拠を示しながら考えを述べ合う。 ④自分になかった新しい視点をワークシートに加える。	★「読むこと」において，目的に応じて必要な情報に着目して要約したり，場面と場面，場面と描写などを結び付けたりして，内容を解釈している。思
3	●後半の場面における学習課題「『僕』はエーミールに何を話したかったのか」について，二つの場面の動作化を通して考える。 ●一つめの場面である「僕」がエーミールにコムラサキを見せる場面の動作化を行う。	⑤学習課題と二つの場面の関連性について発言する。 ⑥描写や叙述に基づいて，立ち位置や会話文の速度の工夫を班で話し合いながら台本をつくる。	★比較や分類，関係付けなどの情報の整理の仕方，引用の仕方や出典の示し方について理解を深め，それらを使っている。知 ★進んで情報の整理の仕方，引用の仕方や出典の示し方について理解を深め，学習課題に沿って考えたことを台本やワークシートにまとめようとしている。態
4	●二つめの場面である「僕」がエーミールにクジャクヤママユを返しに行く場面の動作化を行う。	⑦描写や叙述に基づいて，立ち位置や会話文の速度の工夫を班で話し合いながら台本をつくる。	★比較や分類，関係付けなどの情報の整理の仕方，引用の仕方や出典の示し方について理解を深め，それらを使っている。知 ★進んで情報の整理の仕方，引用の仕方や出典の示し方について理解を深め，学

		習課題に沿って考えたことを台本やワークシートにまとめようとしている。 **態**

5	●学習課題「『僕』はエーミールに何を話したかったのか」について考え，前半の課題との関連性も振り返る。 ●単元の振り返りを行う。	⑧「僕」の心情を捉えた上で，大人になった「客」にとってこの思い出がどのようなものになっているか考える。	★「読むこと」において，目的に応じて必要な情報に着目して要約したり，場面と場面，場面と描写などを結び付けたりして，内容を解釈している。 **思**

5 本時の展開①〔第４時〕

(1) 本時の目標

●台本づくりに向けて登場人物の言動や位置関係を捉えるために，「目線」「身体の向き」「声の強弱や速度」といった観点を立てながら，「僕」とエーミールの描写や叙述を比較したり，分類したり，関係付けたりすることができる。

●動作化を通して実感した「僕」とエーミールの心情を対話によって伝え合おうとする。

(2) 本時の指導案

学習活動	指導上の留意点	評価（方法）
導入（５分）学習課題「『僕』はエーミールに何を話したかったのか」を確認し，役割を確認する。		
①課題を解決するために，班員それぞれが役割を分担する。	●４人班のうち２人ずつペアを組ませ，「僕」とエーミールのペア，ナレーターと記録者のペアとし，交互に行うことを確認させる。	
展開（35分）動作化を通して，「僕」とエーミールの心情について考える。		
②「僕」がエーミールにクジャクヤママユを返しにいく場面の描写や叙述を基に台本をつくり，動作化を行う。 ③同場面の動作化を交互に行う。	●動作化を行う場面における叙述や描写から，「僕」とエーミールの立ち位置や会話の速度などについて考えさせる。 ●初めのペアに動作化を行わせ，その後，次のペアに動作化を行わせる。 ●「僕」とエーミールの動作化を終えたペアに，記録者は「今，どのような気持ちか」ということを確認し，記録させる。 **＊生徒の記述例** （僕）「そこで，僕がやったのだ，	★比較や分類，関係付けなどの情報の整理の仕方，引用の仕方や出典の示し方について理解を深め，それらを使っている。 **知**（台本の記述の工夫） ★進んで情報の整理の仕方，引用の仕方や出典の示し方について理解を深め，学習課題に沿って考えたことを台本やワーク

④班の中で，同場面における「僕」とエーミールの心情について話し合い，簡潔にまとめる。	と言い，詳しく話し，説明しようと試みた」 →目線がチョウからエーミールに移り，「ちょうを傷つけてしまい申し訳ない」と謝ろうとした。 ●動作化を通して，文章の叙述や描写から新たに見いだせた「僕」とエーミールの気持ちについて焦点を当てて話し合わせる。	シートにまとめようとしている。態 （台本の記述の内容）

まとめ（10分）本時の振り返りを行い，次時の学習につなげる。

⑤学習計画表を見ながら本時の振り返りを行い，次時の学習内容を確認する。	●今回の動作化と，前回の動作化で実感した「僕」とエーミールの心情を関連付けながら，次時で学習課題を解決するよう促す。	

⑶ 本時展開のポイント

①場面と場面を関連付ける課題の設定

本作品では，Ⅰ「『僕』がエーミールにコムラサキを見せに行く場面」と，Ⅱ「『僕』がエーミールにクジャクヤママユを返しに行く場面」をそれぞれ動作化しながら課題「『僕』はエーミールに何を話したかったのか」に迫る。Ⅰの場面は，Ⅱの場面の伏線ともいえ，これらの場面を関連付けて解釈することで，文章をより深く読むことができる。そこで，両場面を関連付けることを意図して，課題「『僕』はエーミールに何を話したかったのか」を設定した。この課題を動作化と対話を通して解決する過程で，生徒たちは「僕」とエーミールのちょうに対する考え方の違いを明確に実感するようになる。場面と場面を関連付ける課題を設定することで，文章における要となる見方や考え方を生徒に誘発できる効果がある。

②生徒の読む力を見取る質問紙の工夫

単元の要所要所において生徒の読む力を見取ることで，教師の指導と評価はより適切になる。本単元においては，生徒の読む力を育成するために動作化と対話を有効な手段として用いている。そこで，動作化と対話を通して生徒に読む力が育っていることを段階的に見取る工夫が必要となる。本単元においては生徒が動作化を終えるたびに質問紙を用いて読む力を見取ることとした。この質問紙は，例えば「文章を読んでいると，登場人物の立ち位置が目に浮かぶ」といった複数の項目から成っており，教師が生徒の読む力を見取るという目的に重ねて，生徒自身が動作化と対話を行う上でのポイントを理解できるようにもなっており，単元全体を通して生徒に豊かな読む力を育む上で有効である。

6 本時の展開②〔第５時〕

(1) 本時の目標

●二つの場面の動作化を通して読み取った「僕」とエーミールの心情を関連付けながら解釈し，学習課題「『僕』はエーミールに何を話したかったのか」について考える。

(2) 本時の指導案

学習活動	指導上の留意点	評価（方法）
導入（10分）学習課題を確認し，課題に対する考えをまとめる。		
①二つの場面の動作化で感じたことを生かしながら課題について個人で考える。	●作成した台本の内容を生かすように助言する。 ●動作化を通して，例えば「『僕』とエーミールの視線の先はそれぞれどこであったか」等の補助質問を行う。	★場面の中で起きた出来事を踏まえた小見出しを付けている。 知 （ワークシートの記述）
展開（30分）課題に対して考えたことを班で話し合う。		
②個人で考えたことを基に，課題について班で話し合う。 ③班で考えた意見を発表し，全体で共有する。	●壊れてしまったクジャクヤママユに対する「僕」とエーミールの捉え方にはどのような違いがあるか考えさせる。 ＊**生徒例** （僕）「そこで，それは僕がやったのだ，と言い，詳しく話し，説明しようと試みた。」 →僕は，ちょうを壊してしまった経緯を説明しようとしている。 ●クジャクヤママユを壊してしまった経緯を話したい「僕」と，こうなった結果に注目しているエーミールとの違いに着目させる。	★「読むこと」において，目的に応じて必要な情報に着目して要約したり，場面と場面，場面と描写などを結び付けたりして，内容を解釈している。 思 （ノートへの記述）
まとめ（10分）単元全体の振り返りを行う。		
④単元全体を振り返り，物語作品の味わい方についてまとめる。	●動作化や対話の効果について考えさせる。 ●今後の読書活動につながるポイントを挙げさせる。	

(3) 本時展開のポイント

①場面の動作化による主体的な対話の促進

文章の叙述や描写からイメージを膨らませることは，物語を読む楽しさにつながる。しかし，中には文章中の言葉が自分の中でイメージできないという生徒もいる。そこで，登場人物の「目線」「身体の向き」「位置関係」などの視点を基に，叙述や描写を捉えることで，それぞれの場面がより具体的にイメージされるようになる。また，これらの視点を基に班で動作化を行う中で，生徒はそれぞれのイメージを互いに伝え合うことになる。このように，場面の動作化は，必然的に生徒に主体的な対話を促すようになる。

②ミニ台本づくりによる効果的な学び合いの記録

場面の動作化に向け，ミニ台本をつくった。台本は3段組みとし，1段目には，登場人物の「目線」「身体の向き」「位置関係」などの視点を，2段目には，動作化を行う二つの場面の主な会話文と叙述の抜粋を，3段目は，登場人物の心情を記述することとした。生徒はどのように場面を動作化するかということを，「自分で考えたこと（黒字)」「対話で決めたこと（赤字)」とに分け，ミニ台本の1段目に書き込んだ。「自分で考えたこと」と「対話で決めたこと」を併記することは，自分と他者の見方や考え方が交流しながら学び合ったことの記録となり，場面のイメージをより具体的にする効果がある。

7 生徒の学びの姿

⑴ 生徒の「知識及び技能」の習得の様子

「知識・技能」の「比較や分類，関係付けなどの情報の整理の仕方，引用の仕方や出典の示し方について理解を深め，それらを使っている」状況を「文章の叙述や描写を視点で整理したり，引用と自分の考えを分けていたりする姿」(「おおむね満足できる状況」(B))と捉え，第3時と第4時で評価した。

実際に評価する場面では，ミニ台本の記述を基に見取った。教科書教材を用いた台本づくりは未経験の生徒が大半であるため，「ミニ台本づくりは，文章を立体的に組み立てることなので，登場人物の『目線』や『人物間の距離』といった『視点』を用いながら自分で文章を捉え直す必要がある」と助言した。生徒Fは「視点」が文章を捉え直すために必要なものであることを理解した上で，二つの場面の動作化を行う際，または動作化の後に視点を用いながら，「僕」とエーミールの心情を捉えていた。例えば，「僕」がエーミールにクジャクヤママユを返しに行く場面で，ミニ台本に「距離」「目線」という視点を記述した生徒は，エーミールの部屋における「僕とエーミールの距離は1メートルほどで，僕の目線の先にはクジャクヤママユがあり，エーミールの目線の先には僕がいる」と黒字（自分が考えたこと）で書いていた。また，黒字の横には赤字（対話で決めたこと）で，「僕」は不安な目を，エーミールは冷たい目をしながら立つと書き足されていた。このように読解の視点を用いて文章の叙述や描写を整理していることから，生徒Fを「おおむね満足できる状況」(B）と判断した。

⑵ 生徒同士が交流する様子

本単元において，生徒たちは主に班での交流と，全体での交流を行った。まず，班では，二つの場面を動作化する中で，4人班のうち動作化を行う2人（「僕」と「エーミール」）と，ナレーターと記録者の2人にそれぞれ分かれた。動作化をするペアを，後のペアが見ながら「2人の距離はもう少し遠いのでは？」「『彼は出てきて，すぐに，誰かがクジャクヤママユをだいなしにしてしまった，悪いやつがやったのか，あるいは猫がやったのかわからない，と語った』のところは，エーミールが感情的になっているのでもっと速く言ったほうがいい」と生徒が自発的に意見を述べ合う様子が見られた。普段の物語・文学の授業ではあまり発言しない生徒も，本実践では自分のイメージを伝える様子が見られた。そして，この後の全体交流において課題に対する答えを発表するに際し，その根拠を動作化の視点（「目線」など）から示そうとしていた。

次に，全体交流では，それぞれの班が「目線」や「声の弾み方」などの動作化の視点を示しながら，課題に対する答えを発表した。ある班は，「『僕』の目線はクジャクヤママユからゆっくりとエーミールに向かったと考えた。だから，『それは僕がやったのだ』という言葉は，『僕』にとって絶望的な告白だったと思う」と言い，続けて「エーミールの目線はずっと『僕』に向けられているが，『僕』が『それは僕がやったのだ』と言ったとき，同じちょうの収集家として，一瞬信じられないような驚きと，裏切られた気持ちに襲われた」と言った。全ての班が，課題に対し，どのような視点で何を感じたのかを述べながら，様々なものの見方や考え方に触れることができた交流であった。

8 資料

(1) テスト例

【単元後の定期テスト】

そのとき、初めて僕は、一度起きたことは、もう償いのできないものだということを悟った。僕は立ち去った。母が根掘り葉掘りきこうとしないで、僕にキスだけして、構わずにおいてくれたことをうれしく思った。僕は、「床にお入り。」と言われた。僕にとってはもう遅い時刻だった。だが、その前に、僕は、そっと食堂に行って、大きなとび色の厚紙の箱を取ってき、それを寝台の上に載せ、闇の中で開いた。そして、ちょうを一つ一つ取り出し、指で粉々に押しつぶしてしまった。

● この場面において、あなたは「僕」とどんな話がしたいか。**【話題】**を右の文章から引用しながら、その《理由》とともに答えなさい。

〈正答例〉

【話題】「一度起きたことは、もう償いのできないものだ」というところ。

《理由》「償い」は、エーミールへの償いだけではなく、チョウに純粋に向き合っていたかつての自分に対する償いではないかと思うから。

(2) 質問紙例

●文章を読んでいると，登場人物の動きが目に浮かぶ。	はい	いいえ
●文章を読んでいると，登場人物の表情が目に浮かぶ。	はい	いいえ
●文章を読んでいると，登場人物の立ち位置が目に浮かぶ。	はい	いいえ
●文章を読んでいると，登場人物の心の揺れを感じられる。	はい	いいえ
●文章を読むなかで，自分の過去の経験が思い起こされる。	はい	いいえ
●文章を読むなかで，今の自分と重ねたくなる。	はい	いいえ
●文章を読んだあとに，また読み返したいと思う。	はい	いいえ

(3) ミニ台本例

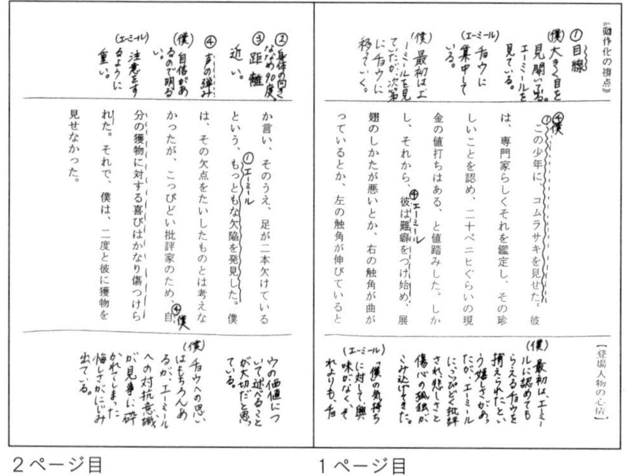
《動作化の視点》
①目線
（僕）大きく目を見開いている。エーミールを見ている。
（エーミール）チョウに集中している。
（僕）最初はエーミールを見ていたが、次第にチョウに移っていく。

この少年に、コムラサキを見せた。彼は、専門家らしくそれを鑑定し、その珍しいことを認め、二十ペニヒぐらいの現金の値打ちはある、と値踏みした。しかし、それから、彼は難癖をつけ始め、展翅のしかたが悪いとか、右の触角が曲がっているとか、左の触角が伸びていると

【登場人物の心情】
（僕）最初は、エーミールに認めてもらえるチョウを捕えられたという嬉しさがあったが、エーミールにこっぴどく批評され、悲しさと傷心の孤独がしみ込んできた。
（エーミール）「僕」の気持ちに対して興味がなく、それよりも、チョ

1ページ目

②身体の向き ななめ90度
③距離 近い。
④声の弾み
（僕）自信があるので明るい。
（エーミール）注意をするように重い。

か言い、そのうえ、足が二本欠けているという、もっともな欠陥を発見した。僕は、その欠点をたいしたものとは考えなかったが、こっぴどい批評家のため、自分の獲物に対する喜びはかなり傷つけられた。それで、僕は、二度と彼に獲物を見せなかった。

ウの価値について述べることが大切だと思っている。
（僕）チョウへの思いはもちろんあるが、エーミールへの対抗意識が見事に砕かれてしまった悔しさがにじみ出ている。

2ページ目

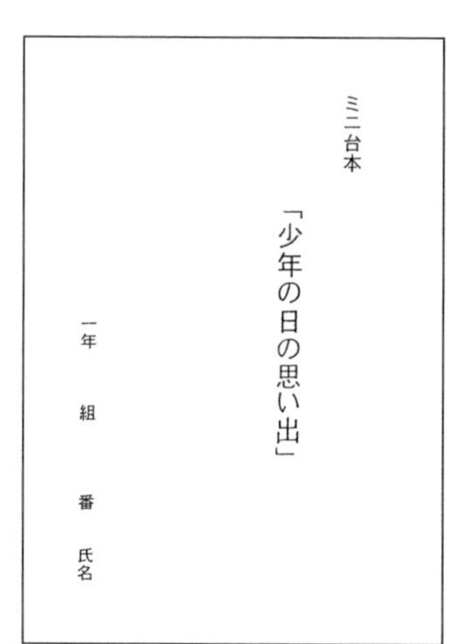
ミニ台本
「少年の日の思い出」
一年　組　番　氏名

表紙

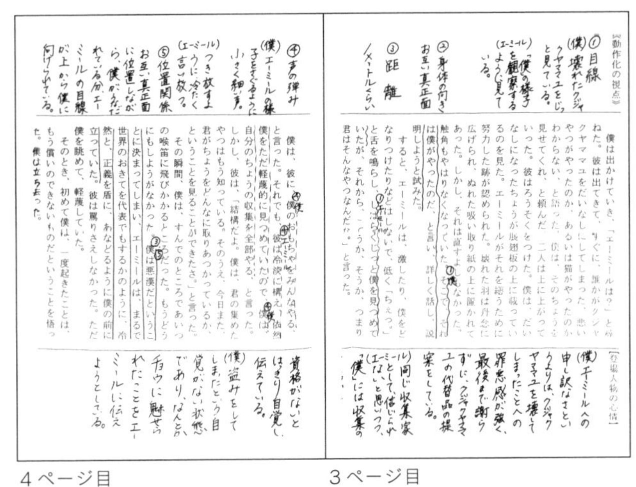

《動作化の視点》

①目線
(僕)壊れたクジャクヤママユをじっと見ている。
(エーミール)「僕」の様子を観察するように見ている。

②身体の向き
お互い真正面

③距離
1メートルくらい

僕は出かけていき、「エーミールは？」と尋ねた。彼は出てきて、すぐに、誰かがクジャクヤママユをだいなしにしてしまった、悪いやつがやったのか、あるいは猫がやったのかわからない、と語った。僕は、そのちょうを見せてくれ、と頼んだ。二人は上に上がっていった。彼はろうそくをつけた。僕は、だいなしになったちょうが展翅板の上に載っているのを見た。エーミールがそれを繕うために努力した跡が認められた。壊れた羽は丹念に広げられ、ぬれた吸い取り紙の上に置かれてあった。しかし、それは直すよしもなかった。触角もやはりなくなっていた。そこで、それは僕がやったのだ、と言い、詳しく話し、説明しようと試みた。

すると、エーミールは、激したり、僕をどなりつけたりなどはしないで、低く「ちぇっ。」と舌を鳴らし、しばらくじっと僕を見つめていたが、それから、「そうか、そうか、つまり君はそんなやつなんだな。」と言った。

【登場人物の心情】

(僕)エーミールへの申し訳なさというよりは、クジャクヤママユを壊してしまったことへの罪悪感が強く、最後まで謝らずに、クジャクヤママユの代替品の提案をしている。

(エーミール)同じ収集家として、信じられないと思いつつ、「僕」には収集の資格がないとはっきり自覚し、伝えている。

(僕)盗みをしてしまったという自覚がない状態であり、なんとか、チョウに魅せられたことをエーミールに伝えようとしている。

④声の弾み
(僕)エーミールの様子をさぐるように小さく細い声。
(エーミール)つき放すように冷たく言い放つ。

⑤位置関係
お互い真正面に位置しながら、僕がうなだれている分、エーミールの目線が上から僕に向けられている。

僕は、彼に、僕のおもちゃをみんなやる、と言った。それでも、彼は冷淡に構え、依然僕をただ軽蔑的に見つめていたので、僕は、自分のちょうの収集を全部やる、と言った。しかし、彼は、「結構だよ。僕は、君の集めたやつはもう知っている。そのうえ、今日また、君がちょうをどんなに取りあつかっているか、ということを見ることができたさ。」と言った。

その瞬間、僕は、すんでのところであいつの喉笛に飛びかかるところだった。もうどうにもしようがなかった。僕は悪漢だということに決まってしまい、エーミールは、まるで世界のおきてを代表でもするかのように、冷然と、正義を盾に、あなどるように僕の前に立っていた。彼は罵りさえしなかった。ただ僕を眺めて、軽蔑していた。

そのとき、初めて僕は、一度起きたことは、もう償いのできないものだということを悟った。僕は立ち去った。

4ページ目　3ページ目

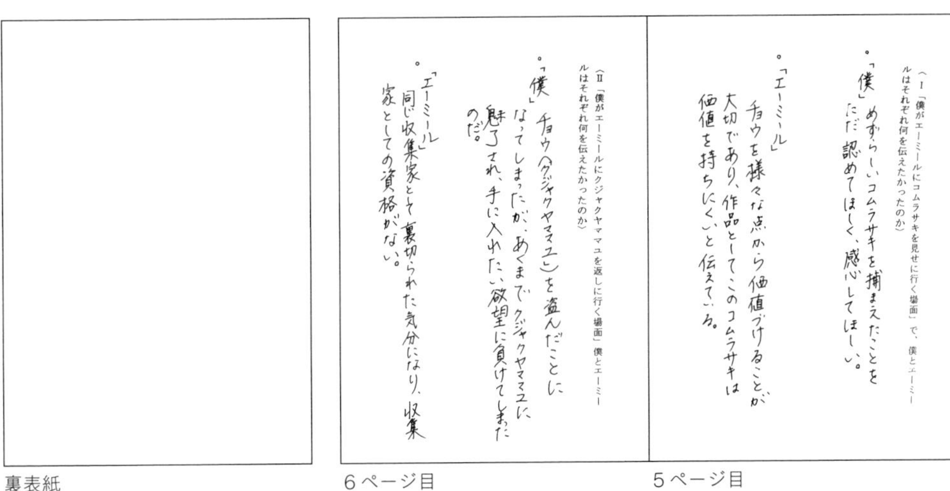

（Ⅰ「僕がエーミールにコムラサキを見せに行く場面」で、僕とエーミールはそれぞれ何を伝えたかったのか）

・「僕」めずらしいコムラサキを捕まえたことをただ認めてほしく、感心してほしい。

・「エーミール」チョウを様々な点から価値づけることが大切であり、作品としてこのコムラサキは価値を持ちにくいと伝えている。

（Ⅱ「僕がエーミールにクジャクヤママユを返しに行く場面」僕とエーミールはそれぞれ何を伝えたかったのか）

・「僕」チョウ（クジャクヤママユ）を盗んだことになってしまったが、あくまでクジャクヤママユに魅了され、手に入れたい欲望に負けてしまったのだ。

・「エーミール」同じ収集家として裏切られた気分になり、収集家としての資格がない。

裏表紙　6ページ目　5ページ目

〈小阪 昌子〉

授業展開4

「少年の日の思い出」に一番合う挿絵を考え，本文を根拠にしてその理由を伝え合おう

～文章の構成や展開，表現の効果について，根拠を明確にして考える～

1 単元の目標

●事象や行為，心情を表す語句の量を増すとともに，語句の辞書的な意味と文脈上の意味との関係に注意して話や文章の中で使うことを通して，語感を磨き語彙を豊かにすることができる。

〔知識及び技能〕(1)ウ

●文章の構成や展開，表現の効果について，根拠を明確にして考えることができる。

〔思考力，判断力，表現力等〕C(1)エ

●言葉がもつ価値に気付くとともに，進んで読書をし，我が国の言語文化を大切にして，思いや考えを伝え合おうとする。

〔学びに向かう力，人間性等〕

2 単元の設定

(1) 単元設定の理由

「少年の日の思い出」は，これまで，「僕」について考える授業や「エーミール」に視点を置いて書き換える授業など，様々な実践がなされてきた。しかし，この物語を長い文章だと感じ，何度も読み返したり，文章全体を関連付けて読んだりすることに困難を感じる生徒も少なくない。また，「少年の日の思い出」に限ったことではないが，生徒自身が読む目的を自覚しないまま学習に臨んでしまい，見通しをもたずにただストーリーを読んで終わってしまっている場合もある。

そこで本単元では，物語の一部ではなく，全体を読む必要性を生み出すような学習課題を，「挿絵」（詳細は「8　資料」参照）を切り口として設定した。平成28年度版教科書に採録された「少年の日の思い出」の「挿絵」は，出版社によって枚数も挿入される場所も異なっている。本実践で使用した挿絵について言えば，光村図書は3枚，教育出版は5枚，学校図書は1枚であり，描かれている内容もまちまちである。一方で，それぞれの出版社の挿絵は物語の要所に示されていて，物語理解の手がかりになったり，解釈の助けになったりしている。そこで，「『少年の日の思い出』に一番合う挿絵はどの出版社のものか」という学習課題を設定し，挿絵を手がかりとしながら物語の叙述に立ち止まったり，山場を考えたりする学習を構想した。「一番合う挿絵を選ぶ」いう目的を明確にもつことで，長い文章であっても，生徒が自らの力で全体を読み通すとともに，部分と全体を関連付けて読む能力を身に付けることをねらいとしている。また，中学校1年生の段階で，小学校

段階から慣れ親しんだ「挿絵」という非連続型テキストを，連続型テキストである「文章」と関連付ける学習課題に取り組むことで，説明的文章や学年が上がった後での非連続型テキストと連続型テキストを扱った単元にもつながっていくと考えた。

(2) 単元展開の特色

本単元の特色として，学習の切り口として「挿絵」を使用したこと，立場を決めて同じ立場と違う立場で対話をする場面を設定したことが挙げられる。

「挿絵」には，内容を分かりやすくしたり，想像しにくいことを想像しやすくしたりする働きがある。小学校低学年は絵本から採られた教材も多く，絵の力を借りて児童の興味・関心を引き出しながら，挿絵と本文を一体的に捉えて読む能力や，挿絵を手がかりとして言葉で書かれた物語を読む力を身に付けていく時期である。そして，学年が上がるにつれ，児童は「挿絵」に頼らず，叙述から内容を理解していくようになっていく。そこで本単元では，小学校低学年段階で「理解を助けるもの」として使用していた「挿絵」を，「自分の読みにどの挿絵が合うか」ということを考える対象として使用することを考えた。「挿絵」と文章を関連付け，自分の読み（自分の考えるこの物語）に一番合う挿絵を考えることで，叙述を丁寧に読んだり，全体と部分を関連付けて読んだりできるようにすることをねらいとしている。また，前年度まで小学生であった中学校１年生には，国語学習への興味や関心を促す導入としても挿絵は効果的であると考えた。

単元の後半では，自分の選んだ出版社と同じ出版社を選んだ人，自分とは違う出版社を選んだ人と対話をする場面を設定した。単元の前半では，生徒は個で読み進め，本文と向き合って自分なりの解釈をつくっていく。しかし，同じ文章を読んでいても，注目している場面や描写が必ずしも他の人と同じとは限らない。そこで，自分と同じ立場や違う立場の人と対話をし，他者の考えに触れたり，自分の考えを伝えたりする中で，新たな視点を得たり，自分の考えを再考したりして，更に深い読みを実現することをねらった。

3 評価

(1) 評価規準

知識・技能	思考・判断・表現	主体的に学習に取り組む態度
●事象や行為，心情を表す語句の量を増すとともに，語句の辞書的な意味と文脈上の意味との関係に注意して話や文章の中で使うことを通して，語感を磨き語彙を豊かにしている。	●「読むこと」において，文章の構成や展開，表現の効果について，根拠を明確にして考えている。	●進んで文章の構成や展開，表現の効果について，根拠を明確にして考え，学習課題に沿って考えたことを伝え合おうとしている。

⑵ 評価方法のポイント

- 「知識・技能」の観点は，第２時で語句の意味を確かめる際に，生徒一人一人が教科書に書き込んだものを確認して評価する。確認した語句の意味を教科書に書き込むだけでなく，その語句の意味を踏まえて，その語句を含む文がどのような内容なのかを書き込んでいる生徒などを高く評価した。
- 「思考・判断・表現」の観点は，第５時に書いた学習課題に対する生徒の記述を分析して評価する。挿絵と結び付けて，文章の構成，展開，表現の効果のいずれかについて根拠を明確にして書いているものを目標が実現できたものとして評価した。また，文章の構成，展開，表現の効果の複数の点について書いたり，複数の描写を根拠として取り上げてそれらを結び付けて考えたりしているものなどを高く評価した。
- 「主体的に学習に取り組む態度」の観点は，第４時の他者との交流の中での行動の観察，ノートへの記述を確認して評価する。行動の観察では，自分の考えを伝えたり，相手の考えを聞いて本文を確認したりしているものを目標が実現できたものとして評価し，更に相手に問いかけたり，反論したりして考えを深めようとしているものなどを高く評価した。ノートへの記述は，相手の考えを書いている生徒を目標が実現できたものとして評価し，相手の考えと自分の考えの共通点や相違点を見いだして書いたり，新しい考えを書いたりしている生徒を高く評価した。

4 単元の指導計画（全６時間）

時	学習内容	学習活動	評価規準
1	●内容の確認 ●学習課題の確認 ●学習目標・単元の見通しの確認	①「少年の日の思い出」の全文を読む。 ②複数の出版社の挿絵を確認する。 ③学習目標を確認し，見通しをもつ。	
2	●語句の確認 ●内容の整理 ●挿絵の検討	④本文中の語句の意味を確かめる。 ⑤登場人物や内容を確認する。 ⑥複数の出版社の挿絵を見て，「少年の日の思い出」に一番合っていると思う出版社を考える。	★事象や行為，心情を表す語句の量を増すとともに，語句の辞書的な意味と文脈上の意味との関係に注意して話や文章の中で使うことを通して，語感を磨き語彙を豊かにしている。 知
3	●学習課題に対する自分の考えの記述	⑦選んだ出版社の挿絵がなぜ本文と一番合っていると思うか，本文を根拠にして考え，記述する。	

4	●考えの交流 ●自分の考えの再構成	⑧同じ出版社の挿絵を選んだ人同士でグループをつくり，考えを交流する。 ⑨違う出版社の挿絵を選んだ人同士でグループをつくり，考えを交流する。 ⑩もう一度本文に戻り，個人で考えを整理する。	★進んで文章の構成や展開，表現の効果について，根拠を明確にして考え，学習課題に沿って考えたことを伝え合おうとしている。態
5	●考えの交流 ●学習課題に対する自分の考えの記述	⑪それぞれの立場に分かれ，「『少年の日の思い出』に一番合っていると思う出版社の挿絵はどれか」について全体で話し合う。 ⑫意見交換したことを踏まえ，学習課題「この物語に一番合う挿絵はどれか」について，これまで考えてきたことを基に自分の考えを書く。	★「読むこと」において，文章の構成や展開，表現の効果について，根拠を明確にして考えている。思
6	●単元の振り返り	⑬書いたものを互いに読み合う。 ⑭これまでの学習を振り返る。	

5 本時の展開①〔第3時〕

(1) 本時の目標

●「少年の日の思い出」に一番合う挿絵を選び，文章の構成や展開，表現の効果について，根拠を明確にして考えることができる。

(2) 本時の指導案

学習活動	指導上の留意点	評価（方法）
導入（5分）これまでの振り返りと見通しの確認		
①前時までの学習を確認し，今後の見通しをもつ。	●本単元で身に付けようしている資質・能力を意識させる。 ●生徒が主体的に学習に取り組めるように，今後の単元の流れを確認する。	
展開（40分）学習課題に対する自分の考えの記述		
②選んだ挿絵がなぜ本文と一番合っていると思うか，本文を根拠にして考え，記述する。	●文中の描写を根拠にして考えさせる。 ●自分の考えの根拠となる部分に線を引かせる。	★文書の構成や展開，表現の効果について，根拠を明確にして考えている。

		思（本文やワークシートの記述の確認）

まとめ（5分）本時の学習の振り返りと見通しの確認

③次の時間の見通しをもつ。	●本時の学習と次の時間への見通しがもてるよう全体で確認する。	

⑶ 本時展開のポイント

①挿絵と文章の結び付きに目を向けさせる

生徒は，第2時で三つの出版社（光村図書，教育出版，学校図書）の挿絵の中からどの挿絵が「少年の日の思い出」に一番合うと思うか考え，選んでいる。だが，この段階では，挿絵と文章とを結び付けず，挿絵がどのように描かれているかという点だけに着目して選ぶ生徒も少なくない。例えば，光村図書なら「自分が思い描いた『少年の日の思い出』のイメージに一番近い」，教育出版なら「挿絵の数が多く，いくつもの色が使われていてよい」，学校図書なら「大きくてインパクトがある」などといった理由からである。また，その挿絵が一番合うのは，「この挿絵があると，実際にどのような様子（どのような物）かが分かりやすくなるから」「この場面（これ）を強調できるから」と考える生徒も出てくる。しかし，これでは挿絵の役割や効果のみを考えてしまっていて，文章との結び付きには目が向けられていない。

そこで，挿絵を文章と結び付けながら解釈し，描写を根拠として「文章の構成や展開，表現の効果」について考えることができるようにするために，次のようなことを行った。

- その挿絵が表しているのは物語のどの部分かを確認させ，本文に線を引かせる。
- 挿絵に描かれているその場面（その物）は，物語の中でどのような意味や価値，役割があるかと投げかける。例えば，光村図書を選んだ生徒に対しては，光村図書の挿絵だけに「僕」の母親が出てくるので，「この場面の『僕』の母親は，この物語の中でどのような役割があると思いますか」のように，挿絵と文章とを結び付けた問いを生徒に投げかける。

このような確認と投げかけをすることで，生徒は文章に注目し，その場面や描かれた物が物語全体の中でどのような意味や価値，役割があるかを考えることができる。

本単元において，挿絵はあくまでも切り口である。しかし，その挿絵を切り口にして，この物語の構成や展開，表現の効果について考えていくのである。先述した投げかけをすることで，「ここ（これ）を分かりやすくするから」「ここ（これ）を強調できるから」といった挿絵の役割を指摘するだけの考えから，「この挿絵が描かれている場面は～という役割があると思うから（そこを強調しているこの挿絵が合っていると思う）」のように，物語全体に関わる構成や展開，表現の効果について，描写を根拠にしながら考えることができる。

②授業内でのテキストとの対話，授業後の教師との対話

本時では，生徒とテキストとの対話，生徒と教師との対話の場面を設定した。

テキストとの対話を促す場として，生徒が自らページをめくり，物語を行き来しながら自分の考えをもつ時間を十分にもたせた。これは，内容を理解したり解釈したりするとともに，他者との対話に向けて個としての考えをもてるようにするためである。また，「挿絵が表している場面がどこか，挿絵が表しているものは何か」などについても考えるように伝えた。

教師との対話の場としては，第3時で生徒が書いた考えを授業終了時に回収し，コメントを付けて第4時に返却した。コメントの内容は，その生徒の考えのよさや根拠の明確さだけでなく，より考えを深めるための問い返しである。これは，次の時間に行う他者との交流をする上での自信につなげたり，他者との交流で互いにより考えを広げたり深めたりするための工夫である。

6 本時の展開②〔第4時〕

(1) 本時の目標

- 文章の構成や展開，表現の効果について考えたことを，同じ立場や異なる立場の他者と伝え合うことができる。

(2) 本時の指導案

学習活動	指導上の留意点	評価（方法）
導入（5分）これまでの振り返りと見通しの確認		
①前時までの学習を確認し，今後の見通しをもつ。	●第3時と同様，本単元で身に付けようしている資質・能力，単元の流れを確認する。 ●教師のコメントを読み，考える。	
展開（40分）他者との考えの交流		
②同じ出版社の挿絵を選んだ人同士でグループをつくり，考えを交流する。 ③違う出版社の挿絵を選んだ人同士でグループをつくり，考えを交流する。 ④もう一度本文に戻り，個人で一番合っていると思う挿絵について再度考え，記述する。	●3～4人で1グループをつくる。 ●自分とは違う考えや，意見交換をする中で気付いたことや新しく出た考えをメモするように促す。 ●異なる立場の人がどのような考えをもっているか確認させる。 ●意見交換をする中で，気付いたことや新しく出た考えをノートにメモするように促す。	★進んで文章の構成や展開，表現の効果について，根拠を明確にして考え，学習課題に沿って考えたことを伝え合おうとしている。**態**（行動の観察，記述の確認）

まとめ（5分）本時の学習の振り返りと見通しの確認

③次の時間の見通しをもつ。	●本時の学習と次の時間への見通しがもてるよう全体で確認する。	

⑶ 本時展開のポイント

①他者との交流で，考えを広げたり深めたりするための確認と視点

第3時で生徒たちがもった考えを他者と交流する場面を本時で設定した。他者との交流は，考えを広げたり深めたりする上で有効な手段であるが，ともすると「互いの意見を報告するだけ」で終わってしまい，考えが広がったり深まったりしない場合がある。

そこで本時では，生徒に次の二つのことを伝えた。

一つめは，他者の考えの根拠となる本文を必ず確認し，線を引くことである。他者と意見交換をする際に，聞いている側の生徒は，相手がどこの何の話をしているかが分からずただ聞くだけになってしまう場合がある。そこで，他者が根拠とする文章に線を引き，確認するように指示した。そうすることで，相手の考えを自分側に寄せて考えることができ，相手に共感したり，相手の考えに疑問をもったりしやすくなる。

もう一つは，相手の考えを聞く際に問い返しの視点をもつことである。具体的には，「なぜ？」「どうして？」「本当にそうなの？」という視点で相手の考えを聞くように伝えた。このような問い返しの視点は，他者の考えをクリティカルに捉えることにつながる。また，実際に相手に問い返すことで，伝えていた側の生徒が自分の考えを見直したり，他の生徒が立ち止まって本文に戻ったりするきっかけとなる。

②同じ立場の他者と違う立場の他者との対話

本時では，同じ出版社の挿絵を選んだ人同士での考えの交流と，別の出版社の挿絵を選んだ人同士での考えの交流の場面を設定した。

同じ出版社の挿絵を選んだ人であっても，根拠としている描写が必ずしも同じとは限らない。また，違う出版社の挿絵を選んだ人であっても，根拠としている描写は同じということもある。そうした様々な考えをもった他者と対話することで，自身の根拠とした描写について吟味することができ，また，自分の考えを相対化することもできる。そうすることで，文章に対する理解は更に深まり，自分の考えをより明確にすることができる。

7 生徒の学びの姿

⑴ 生徒の興味・関心を引き出すことで，生徒が自ら読み進めて考える

本実践の第3時は，生徒がテキストとの対話を通して構成や展開，表現の効果について考える時間とした。この第3時のほぼ全ての時間を，生徒たちは黙々と文章を読み，構成や展開，表現の効果について考えていた。

このような姿が現れたのは，本単元が挿絵を切り口としたこと，また，複数の出版社の中から挿絵を選ぶという活動が，生徒の思考を促したからだと考える。

挿絵は，文字と比べて多くの情報が伝わる。また，生徒は小学校から多くの挿絵に触れており，文字よりも興味や関心をもちやすい。実際に，第１時で，この物語は他の教科書にも載っていること，しかし挿絵が全て違うことを伝えたとき，生徒たちは「そんなことがあるの？」「どんな絵なんだろう？」などといった言葉を交わしていた。その後で３社の挿絵を示したときも，隣り同士や近くの人と「あの絵はどこの場面の絵だろう？」「なんであの絵は赤いの？」「あの１枚の絵ってどんな意味があるの？」と自分たちから話していた。

このとき，既に生徒は一人一人自ら考え出していた。教師からの「では，考えてみてください」といった言葉がなくても，自分から問いを見いだして考え始めていたのである。

⑵ 考えを再構成する他者との交流

第４時には同じ立場と違う立場の他者との交流，第５時にはそれぞれの立場に分かれてクラス全体での交流を行った。その中で生徒の様々な姿が見られた。

例えば，同じ立場（学校図書を選んだ）同士の交流では次のようなやり取りがあった。

生徒Ｇ「私は，このちょうがばらばらの挿絵（学校図書の挿絵）が表している場面が，この物語で一番の衝撃的なところだと思う」

生徒Ｈ「私も，そのちょう１枚だけの挿絵（学校図書の挿絵）がいいけど，私はその挿絵がこの物語の中で『僕』が感じている絶望や悲しさを表現していると思うからこの挿絵がいいと思ったんだ」

このやり取りから，同じ立場であっても新たな考えに触れていることが分かる。

また，違う立場同士の交流では次のようなやり取りがあった。

生徒Ｉ「クジャクヤママユを壊してしまったという『僕』の一番の悲しみの場面を表しているからこの出版社（学校図書）が一番合うと思う」

生徒Ｊ「でも，自分が大切にしていたものを自分で壊しちゃうっていうのも一番悲しいと思うから，この出版社（光村図書）のこの絵（最後の絵）も必要だと思う」

この生徒Ｉと生徒Ｊは，立場は違うものの，どちらも「この物語で一番悲しい場面」に注目しながら話し合っている。また，この後，別の生徒Ｋからの発言を受けて生徒Ｊは，再び自ら教科書を読み，「僕」がエーミールのちょうを壊してしまう場面を自分はどのように捉えていたのか，本当に最後の場面が一番悲しいのかと考え始めた。

8 資料

(1) 挿絵（第1時で示したもの。本実践では，平成28年度版の教科書を使用している）

●教育出版（渡辺宏 絵）の挿絵の一部（1枚目と5枚目）

客と「私」のやり取りの場面

エーミールに会いに行き，説明した場面

●光村図書（丹地陽子 絵）

「僕」の収集箱の挿絵

「僕」が母に打ち明けた場面

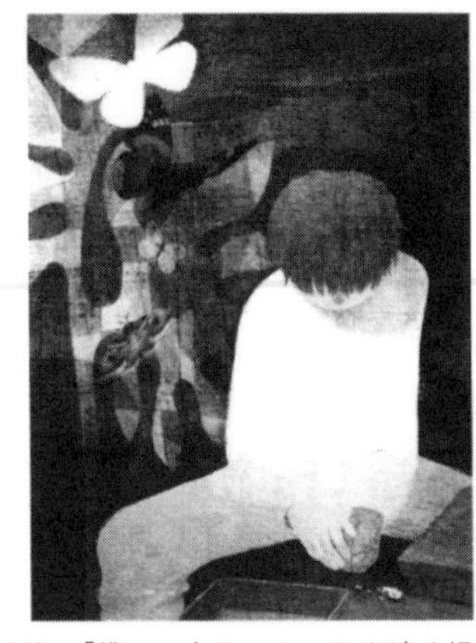

最後，「僕」が自分のちょうを潰す場面

●学校図書（佐藤正樹 絵）

粉々につぶれたちょうの挿絵

※生徒には教科書会社の名前ではなく，「A社」「B社」「C社」と示した。また，生徒たちは光村図書を使っていたため，教育出版と学校図書の挿絵をカラー印刷して配付した。その際，挿絵の大きさはなるべく教科書に近付けるようにし，教科書に載っている順序で示し，挿絵の下に教科書本文のどの辺りに挿絵が載っていたのかを示した

⑵ 第５時に書いた最終的な生徒の自分の考え（読む能力の評価資料）

① A 社を選んだ生徒の考え

私は，A 社の挿絵がいいと思います。A 社の挿絵は，「僕」の気持ちがよく出ていると思います。例えば，２枚目は「焼け付くような昼下がり」をテーマに「僕」の熱情が表されていると思います。A 社の挿絵があることで時間，場所の変化とともに「僕」の気持ちの変化をとらえられ，より読みを深められると思います。また１枚目は「少年の日の思い出」という題名は現在から見た題名なので，現在の場面がこの物語の中で大切だと思い，１枚目を入れると良いと思います。

② B 社を選んだ生徒の考え

B です。なぜなら，この物語の中の「僕」の心情の変化に合っているからです。一枚目と三枚目で比べると，「自分の宝物」から「粉々に押しつぶした」と「僕」の心情の変化に合っています。それらが変化するきっかけとなったのが二枚目です。二枚目は「僕」がお母さんにエーミールのちょうを盗んでしまったことを打ち明ける場面です。この時のお母さんの助言によってエーミールのところへ行き，エーミールに軽蔑されることになります。この物語は大きい変化があります。その変化に沿っていて合っているので，僕は B 社の挿絵がよいと思います。

② C 社を選んだ生徒の考え

C 社がいいと思う。なぜなら，この挿絵の場面が，この物語のクライマックスだと考えるからです。まず，この場面での出来事は「僕」にとってとても大きなことであるのが文中の描写からわかります。また，物語の最初の方の現在の「僕」が，「自分でその思い出をけがしてしまった。」と言っていて，そのけがしてしまったという出来事がここだと思います。これらのことからこの場面はこの物語のクライマックスだと思い，そこに一枚だけ挿絵を使っている C 社が一番合っていると思います。そして，C 社の挿絵は大きく，一枚しか使っていないので，よりこの場面を強調できると思います。

〈三冨 洋介〉

「MY 少年の日の思い出」を創作しよう

1 単元の目標

- 事象や行為，心情を表す語句の量を増し，語や文章の中で使うことを通して，語感を磨き語彙を豊かにすることができる。〔知識及び技能〕(1)ウ
- 「書くこと」において，目的や意図に応じて，日常生活の中から題材を決め，集めた材料を整理し，伝えたいことを明確にすることができる。〔思考力，判断力，表現力等〕B(1)ア
- 進んで集めた材料を整理し,「少年の日の思い出」を参考にして物語を創作しようとする。〔学びに向かう力，人間性等〕

2 単元の設定

(1) 単元設定の理由

「少年の日の思い出」を学習する3学期は,「まとめの時期」と重なる。今までの1年間や，自分自身を振り返り，創作（書く）活動につなげる時期にぴったりであると考える。今回の活動では，本文に対し目的をもって読み進めること，本文を自分に置き換えることを意識して取り組む。これらの活動は，ただ「読む」のではなく，意識的に更に「読み深める」ことを目的として設定したものである。

また，同じ出来事を記述しても「自分の捉え方」と「他人の捉え方」が異なる場合がある。読み手を意識して文章を推敲することを取り入れ，他人からのアドバイスを基に自分の文章を「読んだ人の立場」で推敲する力を身に付けるため，他人からのアドバイスを基に考える活動を取り入れる。

令和3年度にはタブレット端末を使った学習も増えてくる。この単元では，自分の文章をタブレット端末のワープロ機能で書くか，手書きで書くかを選択した。生徒の実態に合わせて，タブレット学習と従来型の学習の利点を取り入れることができるので，一斉指導や生徒同士の「学び合い」の場面で，今まで以上に活動の幅が広がるであろう。

学習活動について，他人に自分の考えを伝えることや，他人の文章を読みアドバイスすること，他人の意見を参考に文章を推敲することを中心に構成しているが，コロナ禍で交流やペア学習に制限がかかり，難しい場面もあった。

(2) 単元展開の特色

「少年の日の思い出」は中学1年生が教科書で初めて出会う「ドイツ文学」である。時

代も国も違う物語が，今，自分の手元にある。そのとき，生徒はどう感じ，何を思うのだろうか。自分と同じ感覚の部分や，自分には考え付かなかった相手の気持ち，様々な感想をもつ授業の最初に，「自分だったらどんな『思い出』を語ると思う？」と問いかけることで，この作品をより自分の身近に感じながら読む。実際に自分の思い出を文章にまとめる活動を通して，自分のものの見方と他人のものの見方の違いに気付く。推敲することで，読者（他者）意識をもった文章に近付くであろう。

創作活動を通して，書くことの面白さはもちろん，他人との交流の重要性や，他人と共有することの喜び，伝え合うことの必要性を感じることができる。

3 評価

(1) 評価規準

知識・技能	思考・判断・表現	主体的に学習に取り組む態度
①事象や行為，心情を表す語句の量を増し，語や文章の中で使うことを通して，語感を磨き語彙を豊かにしている。 ②比喩，反復，倒置，体言止めなどの表現の技法を理解している。	①「書くこと」において，目的や意図に応じて，日常生活の中から題材を決め，集めた材料を整理し，伝えたいことを明確にしている。 ②「書くこと」において，根拠の明確さなどについて，読み手からの助言などを踏まえ，自分の文章のよい点や改善点を見いだしている。	①進んで集めた材料を整理し，「少年の日の思い出」を参考にして物語を創作しようとしている。 ②言葉がもつ価値に気付くとともに，進んで読書をし，我が国の言語文化を大切にして，思いや考えを伝え合おうとしている。

(2) 評価方法のポイント

- 本文中で使われている語句を自分の文章の中で使うことを通して，語感を磨き語彙が豊かになっている（本文の特徴的な表現や構成について，積極的に活用している）。
- 自分の「思い出」について，日常生活の中から題材を決め，集めた材料を整理し，伝えたいことを明確にできている(その出来事を通して自分がどう変化したかを考えている)。
- 書く内容の中心が明確になるように，段落の役割などを意識して文章の構成や展開を考えている（その出来事で自分がどう変化したのかが読み手に伝わる）。
- 進んで集めた材料を整理し,「少年の日の思い出」を参考にして物語を創作している（本文を参考に，自分の「思い出」を創作しようとしている）。
- ワークシート，ノート記述で見取る。
- 授業中の発言，行動観察で見取る。
- 自己評価，相互評価で見取る。

4 単元の指導計画（全6時間）

時	学習内容	学習活動	評価規準
1	●「目標」や「学習の見通しをもとう」でねらいを確認し，単元全体の見通しをもつ。 ●作品を通読し，感想を交流する。	①作品を通読する。 ・注意する語句や漢字の確認。 ②一次感想の記述と交流。 ・面白かったところ，納得したところをまとめる。 ・疑問が残ったところ，難しかったところをまとめる。 ③一次感想の交流。	★事象や行為，心情を表す語句の量を増し，語や文章の中で使うことを通して，語感を磨き語彙を豊かにしている。知①
2	●作品の展開を捉える。	④場面の転換に注意しながら，全体の構成が前半／後半に分かれることを確認する。 ・前半の「客」と後半の「僕」の関係を押さえる。 ・時間／場所／出来事を基に，後半をいくつかの場面に分ける。 ・後半の概要をまとめる。	★比喩，反復，倒置，体言止めなどの表現の技法を理解している。知②
3	●「僕」の心情の変化をまとめる。 ●創作内容を考える。	⑤場面後半での「僕」から見た「エーミール」の描写について読み取る。 ・クジャクヤママユを盗み，壊すまでの「僕」の心情をまとめる。 ・自分のちょう収集を潰す「僕」の心情をまとめる。 ⑥自分の経験を基に，自分だったらどんな「思い出」を語るか考える。	★「書くこと」において，目的や意図に応じて，日常生活の中から題材を決め，集めた材料を整理し，伝えたいことを明確にしている。思①

時	学習内容	学習活動	評価規準
4	●「MY 少年の日の思い出」を創作する。	⑦「MY 少年の日の思い出」の構成を考える。 ・登場人物や場面を決める。 ・自分の経験から来る「出来事」と「自分の変化」がきちんと構成されているか確認する。	★進んで集めた材料を整理し，「少年の日の思い出」を参考にして物語を創作しようとしている。態①
5	●創作した「MY 少年の日の	⑧創作した「MY 少年の日の	★「書くこと」において，根

	思い出」を交流し，推敲する。	思い出」を読み合う。 ・書き上げた文章を読み合い，感想や意見を伝え合う。 ・分かりにくい部分や矛盾点など，推敲につながるアドバイスをする。 ・アドバイスを受けた部分を中心に，改善し推敲する。	拠の明確さなどについて，読み手からの助言などを踏まえ，自分の文章のよい点や改善点を見いだしている。思②
6	●完成した「MY 少年の日の思い出」を読み合い，感想をもつ。 ●単元のまとめをする。	⑨推敲した「MY 少年の日の思い出」を読み合い，感じたことや考えたことを発表する。 ・文章の構成や展開，表現の効果について積極的に考える。 ・共感するところや疑問に思うところなどを発表する。 ・「少年の日の思い出」を基に創作した感想を交流する。	★言葉がもつ価値に気付くとともに，進んで読書をし，我が国の言語文化を大切にして，思いや考えを伝え合おうとしている。態②

5 本時の展開①〔第４時〕

(1) 本時の目標

●「書くこと」において，目的や意図に応じて，日常生活の中から題材を決め，集めた材料を整理し，伝えたいことを明確にすることができる。

●進んで集めた材料を整理し，「少年の日の思い出」を参考にして物語を創作しようとする。

(2) 本時の指導案

学習活動	指導上の留意点	評価（方法）
導入（7分）前回の振り返りをし，本時の授業につなげよう。		
①創作内容を振り返り，本時の流れを確認する。	●自分の経験を基に，自分だったらどんな「思い出」を語るか，前回考えた内容を思い出す。 ●本時の流れを確認し，見通しをもって創作を進める。	★進んで集めた材料を整理し，「少年の日の思い出」を参考にして物語を創作しようとしている。 態①（表情）

展開（35分）実際に「MY 少年の日の思い出」を創作しよう。

②「MY 少年の日の思い出」の構成を考える。 ③構成の中に，必要な要素が含まれているか確かめる。	●登場人物や場面を決める。 ●自分の経験から来る「出来事」と「自分の変化」がきちんと構成されているか確認する。 ●タブレット端末やプリントを活用し文章にする。	★「書くこと」において，目的や意図に応じて，日常生活の中から題材を決め，集めた材料を整理し，伝えたいことを明確にしている。**思①**（ワークシート） ★進んで集めた材料を整理し，「少年の日の思い出」を参考にして物語を創作しようとしている。 **態①**（表情）

まとめ（8分）今日の授業を振り返り，次回の授業の見通しをもとう。

④本時の流れを振り返り，次時につなげる。	●本時の内容を振り返り，本時の達成内容や次時の課題をワークシートに記入させる。 ●反省を次時に生かす。	★粘り強く自分の考えが伝わる文章になるように工夫し，学習の見通しをもって授業に取り組んでいる。**態**（ワークシート，発言）

⑶ 本時展開のポイント

①自分の経験を基に，虚構の物語を創作する

自分の経験を基に，実際に「MY 少年の日の思い出」を創作する展開である。この時間にポイントとする部分は「出来事」を述べ，そこから「自分（主人公）の変化」が創作できるか，という点である。教科書本文では，主人公である「僕」が最終的にはちょうの収集を自分の手で潰し，決別するという内容で締め括られている。創作する「MY 少年の日の思い出」でも，出来事を通して主人公の気持ちや考え方の変化を見せる場面を創作する，という課題を設定した。生徒には「自分が経験したことを基に，お話を創作してみよう」という投げかけをしている。自分自身の経験をそのまま述べるのに抵抗がある生徒でも，虚構設定での創作活動なら取り組みやすいのだと感じた。

②作品を交流し，自分の作品に生かす

「学び合い」について，この授業で第一に挙げられるのは「できた文章を交換して読み，助言する」というものだ。実際には次時に取り組む内容だが，早く進んでいる生徒同士の交流を入れることで，文章を推敲する際のヒントになる。また，タブレット端末を活用して創作している生徒の文章は，投影し一斉に確認することができる。よい点や工夫点を提示することで，個々の創作文にも生かすことができる。なかなか進まない生徒についても，他の生徒の作品を読むことが自分の作品のアイディアとして生きることもある。交流を通して，読み手の立場からの意見（表記や語句，叙述の仕方など）を書き手に伝えることで，更によい表現につなげられる。自分の作品だけでは自分の世界に入ってしまいがちだが，他者から助言をもらうことで新しい視点が生まれ，文章に深さが出てくるのだと感じた。

6 本時の展開②〔第5時〕

⑴ 本時の目標

- 「書くこと」において，根拠の明確さなどについて，読み手からの助言などを踏まえ，自分の文章のよい点や改善点を見いだすことができる。
- 粘り強く自分の考えが伝わる文章になるように工夫し，学習の見通しをもって授業に取り組もうとする。

⑵ 本時の指導案

学習活動	指導上の留意点	評価（方法）
導入（7分）前回の振り返りをし，本時の授業につなげよう。		
①創作内容を振り返り，本時の流れを確認する。	●自分の経験を基に，自分だったらどんな「思い出」を語るか，前回創作した内容を思い出す。 ●本時の流れを確認し，見通しをもって創作を進める。	★進んで集めた材料を整理し，「少年の日の思い出」を参考にして物語を創作しようとしている。 **態**（表情）
展開（35分）創作した文章を読み合い，助言を基に推敲しよう。		
②創作した「MY 少年の日の思い出」を読み合う。 ③推敲し，文章を完成させる。	●書き上げた文章を読み合い，感想や意見を伝え合うようにする。 ●分かりにくい部分や矛盾点など，推敲につながるアドバイスをするように指示する。 ●全体に共有すべき内容は，その都度一斉に投影し確認する。 ●アドバイスを受けた部分を中心に，改善し推敲させる。	★「書くこと」において，根拠の明確さなどについて，読み手からの助言などを踏まえ，自分の文章のよい点や改善点を見いだしている。 **思**（文章，表情） ★比喩，反復，倒置，体言止めなどの表現の技法を理解している。**知**（文章）
まとめ（8分）今日の授業を振り返り，次回の授業の見通しをもとう。		
④本時の流れを振り返り，次時につなげる。	●本時の内容を振り返り，本時の達成内容や次時の課題をワークシートに記入させる。 ●本時の反省を次時に生かす。	★言葉がもつ価値に気付くとともに，進んで読書をし，我が国の言語文化を大切にして，思いや考えを

		伝え合おうとしている。**態**（ワークシート，発言）

⑶　本時展開のポイント

①他者の助言を踏まえて推敲する

本時の授業では，根拠の明確さや矛盾点など読み手からの助言を踏まえ，自分の文章を推敲するという部分がポイントになる。自分では書いたつもりでも，読み手には伝わらなかったり，分かりにくかったりする部分があるということを感覚的に学び，更に伝わる，読みやすい文章にしていくにはどうすればよいのかを考える時間となっている。助言した生徒は，その観点を自分の文章に当てはめ，「自分の文章ではできているか」を客観的に確認する視点が生まれる。これを繰り返すことで，学年が上がるにつれ「自分の文章を客観的に読み，推敲する力」が備わっていく。その準備段階として，この単元では他者の助言を踏まえて推敲するという学習課題を提示している。

②「対話」について

本時の「対話」である「できた文章を交換して読み，助言する」という学習課題が，この単元の核となる部分である。生徒同士で完成した文章を読み合い，分からないところや矛盾点などを伝え合うための対話を大切にした。この対話があることで，生徒は「読み手には分かりづらいから，○○を△△に変えてみようかな」「主人公が□□したことを後にもっていくことで，自分の変化が印象付けられるかも」などと，読み手の立場に立って自分の文章を推敲することができる。

また，今回の授業では創作する際にタブレット端末か手書きかを生徒自身に選択させた。手書きのよさももちろんあるが，推敲する際には消して書き直す手間がかかる。その分，タブレット端末だとコピー＆ペーストで文章を切り貼りしたり，一度他の部分に入れて，また戻したりと作業がしやすい利点がある。生徒同士で，タブレット端末の画面を見ながら文章を動かし，前の文章と後の文章のどちらが印象的かを複数人に助言してもらうという作業もできる。使い方によっては，タブレット端末での推敲はとても便利だと生徒は感じたようだ。

7　生徒の学びの姿

⑴ 生徒の成長の様子（個人内評価）

単元の初めに学習課題を提示し，見通しをもたせた状態で6時間構成の授業を行った。毎時間の初めには「最終的には何をするのか？」を確認し，今読んでいる文章を基に，自分が「MY 少年の日の思い出」を創作するという流れを確認した。生徒は，見通しをもつことで，「○○をするために，この時間はどんな取組をしたらよいのだろう」と授業の最初に意識し，授業の終わりには「今日の授業で●●を学んだから，□□の△△の場面で活用できる」と具体的に自分の成長を感じていた。その様子が，振り返りシートや感想の中に現れ，次の時間にもつながっていった。

振り返りシートで感想や疑問を記述することで，前回の記憶がよみがえり，スムーズに授業の確認ができた。「前回，自分はここで困っていたなぁ」「今回は，この作業から進めようと思っていた」などと前回の自分と自己内対話をしながら取り組む姿が見られた。この振り返りシートの記述を基に，前向きに，積極的に，自分自身で調整を図りながら6時間の授業の中で「MY 少年の日の思い出」を創作する姿は，主体的に学習に取り組む態度そのものの姿であると感じた。

(2) 生徒同士が交流する様子

この単元では，「読み手」の意見を取り入れて推敲する際に生徒同士の交流をした。言動の根拠や理由が伝わるように書かれているか，話の内容に矛盾点はないか，読み手からの助言などを踏まえ，自分の文章を推敲した。自分では書けているつもりでも，他人には分かりにくい部分があったり，自分の感覚と他人の感覚が違っているため理解しにくい表現があったりするなど，読み手との会話を深めながら文章の推敲を進めていた。

生徒の創作文の中には，実際の経験を詳細に記述しているものもある。「このときの主人公の気持ちをもっと書き込むと，読み手が物語に引き込まれるよ」というアドバイスや，「主人公の気持ちが出て来ないからこそ，読み手が想像を膨らませることができて面白いね」という感想があった。一見すると正反対の助言だが，この助言を参考にしつつ，書き手は「主人公の気持ち」を場面によって増やしたり減らしたりする構成に変更していた。多角的なアドバイスを参考に，自分の表現をどのように工夫するのかを考えることができ，生徒同士の交流が生きていると感じる場面であった。

8 資料

(1) ワークシート

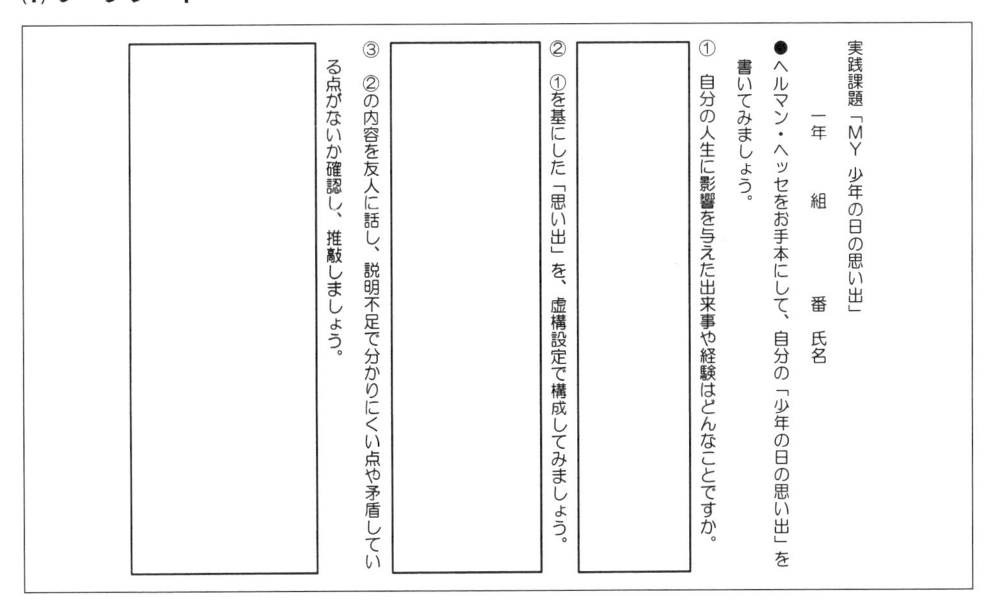
実践課題「MY 少年の日の思い出」

一年　組　番　氏名

●ヘルマン・ヘッセをお手本にして、自分の「少年の日の思い出」を書いてみましょう。

① 自分の人生に影響を与えた出来事や経験はどんなことですか。

② ①を基にした「思い出」を、虚構設定で構成してみましょう。

③ ②の内容を友人に話し、説明不足で分かりにくい点や矛盾している点がないか確認し、推敲しましょう。

④ ヘルマン・ヘッセをお手本にして、自分の文章を書きましょう。
（別紙の作文用紙）

※ 課題の達成について（評価）
① 回想（B） もしくは 現在／回想（A） という構成で書く。
② 文字数は上限を2000字とする。下限は設定しないが、構成に沿って内容がきちんと読み取れるものとする（B）。さらに、自分の人生に影響を与えていることがわかるものとする（A）。
③ ヘルマン・ヘッセの「少年の日の思い出」をお手本にして、作文を書こうとしている。

提出日　　月　　日（　）　時間目の授業で提出

⑵ 生徒の作品（生徒Lの「MY 少年の日の思い出」）

空が赤くなってきた頃，僕は友達と帰っていた。昼まで雨が降っていたせいか，地面には灰色の水溜りがあちこちにあった。
「そういえば，今日の理科の授業難しかったよね。二力のつり合いなんて，訳分からない。」
と，僕は言った。友達も同じだったらしく，次のテストが怖いと言っていた。青信号が点滅し始めたので僕たちは足を止めた。
「もう次の小テスト，諦めようかな。」
と，僕が言うと友達は少し真面目な顔をして
「それはだめだよ。」
と，静かに言った。怒らせてしまったかと思い，僕は口を閉じていたが，彼は
「確かに難しい単元で，自分自身次の小テストで満点を取る自信は無いけど，勉強する努力はしないといけないと思う。」
と，言った。僕は，なぜそこまで努力しなければいけないと思うのか，聞いてみた。信号が青に変わり，歩き始めた時，空は紫色に変わっていた。友達は次のように語った。

僕は，小学六年生の頃に学年委員会に入っていた。主に学年集会の運営や，あいさつ等を呼びかけることが仕事だ。最初は張り切って仕事をしていたが，七月になってくると面倒臭くなってきた。その後は，ただ何となく特に意見も出さずに小学校を卒業した。
「中学校でも学年委員会に入ったら良いよ。」
と先生に言われ，僕はまあ，そうですね，と答えた。

中学校に入学してから二週間がたった日，黒板には「委員会選出」と大きく書いてあった。先生は，委員会に入らなくても，必ず協力すること，という趣旨の話をしてから，

「ではまず，学級議長に立候補したい人は，手を挙げてください。」

と，言った。

三十秒経ったか一分経った頃に僕はただ一人手を挙げていた。

初めての委員会の時は驚いた。小学校での委員会とは全く違い，昔の僕のように怠ける人は誰一人としていなかった。ただ，その中で一人，僕だけが発言できず，悔しい思いをした。しかし，委員会で出された宿題はちゃんと終わらせて，次に発表できるようにしようと思った。

それから三週間経ったある日，今日は五時間授業だったからうきうきしながら，雨の中登校した。だが，先生が

「今日は昨日も言ったとおり，学級議長と学級代表は放課後に委員会があるので，忘れずに行ってください。」

と，言った。僕の心は不満で埋め尽くされたが，その瞬間宿題をしていないことに気がついた。普通の人だったら急いで宿題をするのだろう。しかし僕は気付かないふりをした。

帰りの会が終わってから，そわそわし始めた。今さら遅いことは分かっているが，宿題のことで頭がいっぱいだ。

「これから委員長会を始めます。礼。」

と，委員長が言い，さらに

「前回の宿題を，今から配る紙に記入してください。書く時間は三分です。」

と，言った。僕は手が動くはずもなく，紙は集められた。次に，新しい紙が配られ，記入してください，と言われた。次の学年集会でどのようなことをするか，といったことを書く紙だ。少し書き進めていた時，突然僕は先生に呼ばれ，さっき回収された真っ白な紙を突きつけられ，こうなった理由を聞かれた。体が熱くなり，何も答えられなかった。すると，

「君が本当に考えて答えを出せなかったなら良い。ただ，何も考えないでこれだったら信用されないよ。」

と，言われた。それで僕は，自分の苦手な事にも必ず努力しなければいけない，ということを悟った。

それから五ヶ月程経った今，黒板には「委員会選出」と書いてあった。以前と同じようなことを先生が話した後，

「まず，学級議長をやりたい人，挙手。」

と，言った。僕は迷わずに手を挙げた。

〈山上 史織〉

授業展開6

「クジャクヤママユ」から「少年の日の思い出」へ

～ヘルマン・ヘッセはなぜ書き換えたのか～

1 単元の目標

- 語句の辞書的な意味と文脈上の意味との関係に注意して文章の中で使うことを通して，語感を磨き語彙を豊かにすることができる。 〔知識及び技能〕(1)ウ
- 「クジャクヤママユ」と「少年の日の思い出」を比べ，文章の構成や表現の効果について，根拠を明確にして考えることができる。 〔思考力，判断力，表現力等〕C(1)エ
- 比べ読みで考えたことに基づいて，物語を書き換えた作者の意図についての自分の考えを確かなものにすることができる。 〔思考力，判断力，表現力等〕C(1)オ
- 集めた材料を整理し，読み取ったことを作者への手紙の形でまとめようとする。 〔学びに向かう力，人間性等〕

2 単元の設定

(1) 単元設定の理由

文学的文章の学習では，作者の工夫や仕掛けに注目させるようにしてきた。例えば，なぜこの言葉を使っているのか，なぜこの登場人物が登場しているのか，この時代にこの作品を発表したことにはどのような意図があるのか，などを問うことで，表現の特徴や作品の設定にも目を向けさせるのである。

本教材「少年の日の思い出」は，1911年に発表された「クジャクヤママユ」を改稿したものである。二つのテクストは，物語の筋はほぼ同一であるが，設定や表現に若干の違いがある。例えば，最後の「僕」が罪を意識する場面で，「少年の日の思い出」では「一度**起きたこと**」と表現されているのに対して，「クジャクヤママユ」（木本栄訳）では「一度**だめにしてしまったもの**」となっている。この部分だけでも，「クジャクヤママユ」での「僕」の罪の意識は「つぶしてしまったクジャクヤママユ」に向けられているが，「少年の日の思い出」での「僕」の後悔の思いは，クジャクヤママユを潰したことだけではなく，それを盗んだこと，エーミールとの関係，母に罪を打ち明けたことなど，様々な出来事に向けられていると読み取ることができる。こう考えると，改稿後の作品のタイトルが「クジャクヤママユ」から「少年の日の思い出」に変えられたことにも，作者が込めたメッセージがあると考えることができる。

そこで，教科書に採られている高橋健二訳の「少年の日の思い出」と「クジャクヤママ

ユ」(『ヘルマン・ヘッセ：子ども時代より』木本栄訳，理論社，2015年所収）を比較することで，作者の書き換えに着目して，「僕」や「エーミール」の人物像や，「僕」の罪の意識を考える学習を構想した。改稿前と改稿後のテクストの比べ読みを通して，ヘッセが読者に読み取らせせようとしたことは何かを生徒たちに考えさせたい。

⑵ 単元展開の特色

本単元の特色は，二つのテクストの比べ読みを通して，作者の工夫や仕掛けに着目できるようにしたことである。展開に当たっては，エーミールへの敵意がはっきり書かれている「クジャクヤママユ」を先に扱った。「クジャクヤママユ」で「僕」とエーミールについての印象や「僕」の罪の意識を考えた後で，「少年の日の思い出」を読んで，二つのテクストに描かれていることの違いを比べさせた。また，単元の最後では，生徒一人一人がどのような読み取りをしたかを明確にするために，「前略　ヘルマン＝ヘッセ様」と題して，作者に手紙を書くという課題を設定する。

本単元では，「僕」と「エーミール」の印象，「僕」の罪の意識の強さを読みの観点として，レーダーチャートにまとめさせる活動を設定した。まず「クジャクヤママユ」についてレーダーチャートを作成した後，「クジャクヤママユ」との違いを意識しながら「少年の日の思い出」を読み，前時に書いたレーダーチャートに重ねて記入させた。更に，グループの交流では，作成したレーダーチャートの変化した部分を中心に，なぜそのような印象や読み取りになったのかを考え，話し合わせた。レーダーチャートを用いることで，二つのテクストの違いや，学習者それぞれの読みの違いが明確になり，作者の意図が明確になりやすくなると考えた。

3 評価

⑴ 評価規準

知識・技能	思考・判断・表現	主体的に学習に取り組む態度
①語句の辞書的な意味と文脈上の意味との関係に注意して文章を読むことで，語感を磨き語彙を豊かにしている。	①「クジャクヤママユ」と「少年の日の思い出」を比べ，文章の構成や表現の効果について，根拠を明確にして考えている。 ②比べ読みで考えたことに基づいて，物語を書き換えた作者の意図についての自分の考えを確かなものにしている。	①積極的に集めた材料を整理し，読み取ったことを作者への手紙の形でまとめようとしている。

⑵ 評価方法のポイント

- 文章の構成や表現の効果について，根拠を明確にして考えることができているかは，「クジャクヤママユ」と「少年の日の思い出」から受け取る印象や，その違いについて説明したレーダーチャートの記述や交流の際の発言から見取る。

●物語を書き換えた作者の意図についての確かな自分の考えをもてているかは，比べ読みで考えたことに基づいて作者への手紙を書けているかで評価する。
●「主体的に学習に取り組む態度」の観点は，自分が読み取ったことを踏まえて作者への手紙を書こうとしているかで評価する。

4 単元の指導計画（全6時間）

時	学習内容	学習活動	評価規準
1	●「クジャクヤママユ」を読み，あらすじを確認する。	①「クジャクヤママユ」を通読する。 ②ワークシートを用いてあらすじを確認する。	★語句の辞書的な意味と文脈上の意味との関係に注意して，物語のあらすじを読み取ることで，語感を磨き語彙を豊かにしている。知
2	●「クジャクヤママユ」から受ける印象をレーダーチャートにまとめる。	③再度「クジャクヤママユ」を読み返し，「『僕』／『エーミール』の印象」「罪の意識」についてレーダーチャートにまとめる。	★「クジャクヤママユ」から受ける印象を，根拠を明確にして説明している。思
3	●「少年の日の思い出」を読み，「クジャクヤママユ」との違いを意識しながらレーダーチャートに記し，自分の意見をまとめる。	④「少年の日の思い出」を通読する。 ⑤前時に書いたレーダーチャートに重ねて記し，自分の読みが変わった理由を説明する。	★「少年の日の思い出」から受ける印象を，根拠を明確にして説明している。思 ★「クジャクヤママユ」と「少年の日の思い出」を比べ，文章の構成や表現の効果について，根拠を明確にして考えている。思
4	●「クジャクヤママユ」と「少年の日の思い出」の印象の違いを分析する。	⑥ヘッセが書き換えた部分について分析し，作者が書き換えた理由について考える。	
5	●「クジャクヤママユ」と「少年の日の思い出」の印象の違いを交流する。	⑦読みを交流し，改稿により物語全体がどのように変化したかを考える。	
6	●本単元のまとめを書く。	⑧作品を書き換えたヘッセに対して，「前略　ヘルマン＝ヘッセ様」という題の手紙を書く。	★比べ読みで考えたことに基づいて，物語を書き換えた作者の意図についての自分の考えを述べている。思 ★集めた材料を整理し，読み取ったことを作者への手紙の形でまとめようとしている。態

5 本時の展開①〔第２時〕

(1) 本時の目標

● 「クジャクヤママユ」から受ける印象をレーダーチャートにまとめ，その根拠を説明することができる。

(2) 本時の指導案

学習活動	指導上の留意点	評価（方法）
導入（５分）本時の課題を確認する。		
①本時の課題を確認する。	●前時に通読した「クジャクヤママユ」を思い出し，あらすじを確認する。	
「クジャクヤママユ」の印象をレーダーチャートにまとめ，友達に説明しよう		
展開（40分）「クジャクヤママユ」の印象をレーダーチャートにまとめ，本文を根拠に説明する。		
②「クジャクヤママユ」の印象をレーダーチャートにまとめ，根拠となる部分を本文から探す。	●「『僕』の印象」「『エーミール』の印象」「『僕』の罪の意識」を観点として，それぞれをレーダーチャートにまとめる。 ●根拠となる本文には線を引くように指示する。	★「クジャクヤママユ」から受ける印象をレーダーチャートにまとめている。思 （ワークシートの記述）
③個人の読みを班員と交流し，レーダーチャートを書き換える。	●話し手には，本文の該当箇所を示しながら説明させる。聞き手には，新しい読みを付箋に書き，本文の該当箇所に貼り付けていくように指示する。	★自分の読みを本文を根拠に説明している。思（発言）
まとめ（５分）次時の予告を聞く。		
④次時の予告を聞き，レーダーチャートをまとめる。	●作者のヘッセはこの作品を書き換えているので，なぜ書き換えたのかを次の時間から考えていくことを伝える。	

(3) 本時展開のポイント

①レーダーチャート

本時では，次ページの図のようなレーダーチャート（ワークシートの全体は「８　資料」を参照）を用いて，「クジャクヤママユ」の読みをまとめる。縦軸は「『僕』／『エーミール』の印象」についてまとめる軸で，外側に行くほど「嫌な／悪い」印象となるようにしている。横軸は，「『僕』の罪の意識」についてまとめる軸であり，右側は「クジャクヤママユをつぶしたこと」，左側は「クジャクヤママユを盗んだこと」として，左右のどちらにウェイトが大きいかを考えさせる。クジャクヤママユを潰したことについて後悔しているのであれば右側に膨らみ，クジャクヤママユを盗んだことや，それによる様々なこと（例えば，母に全てを打ち明けたこと，エーミールに軽蔑されたことなど）を後悔していると読めば左側に膨らむ。第３時では，このレーダーチャートに重ねて，「少年の日の思い出」の印象を記し，二つのテクストの違いについて分析していく。生徒たちは，レーダーチャートを書くことにより，自分の読みを整理することができ，その後の根拠を探す活動にもスムーズに移行することができたと感じる。

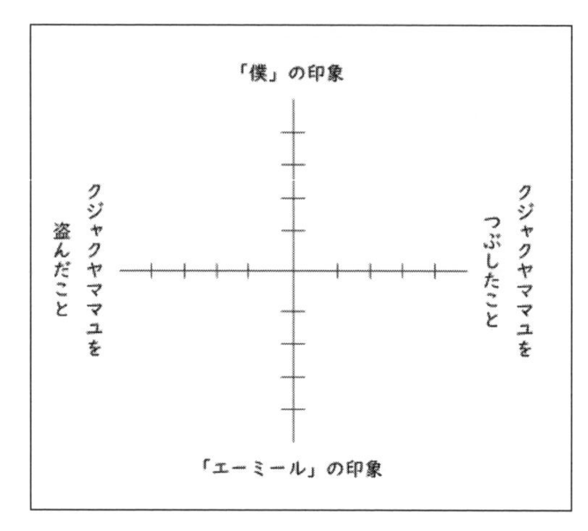

②読みの交流

班での交流では，レーダーチャートを見せながら自分の読みを発表させる。縦軸については，「僕」と「エーミール」のそれぞれに対して悪い印象をもった部分について本文の該当箇所を提示させ，生徒たちの読みを交流させたい。横軸については，どちらに重きを置いているのかを発表させ，その理由についても語らせる。発表を聞いている生徒は，本文の該当部分に付箋を貼り付け，班員の意見を書くようにする。

班での交流を通して，「僕」の印象がそこまで悪くないと思っていた生徒たちの中にも，班員の意見を聞く中で，意見が変わっていく生徒たちもいた。また，ここで印象が変わらなくても，人によって「僕」と「エーミール」の印象が異なることを知っていることが，次時の「少年の日の思い出」の読みの深さにつながっていくと考えた。

6 本時の展開②〔第５時〕

⑴ 本時の目標

●二つのテクストの違いから，文章の構成や表現の効果について考えることができる。
●作者がなぜ書き換えたのかを，二つのテクストの違いを根拠に説明することができる。

⑵ 本時の指導案

学習活動	指導上の留意点	評価（方法）
導入（５分）前時に書いたワークシートを確認し，本時の課題を確認する。		
①本時の課題を確認する。	●二つのテクストの違いを明確にしながら説明することを確認する。	
なぜ筆者は書き換えたのか，二つのテクストの違いを基に説明しいみよう		
展開（40分）作者が改稿した部分を分析し，どうして作者が書き換えたのかを考える。		
②作者が書き換えた部分について話し合う。	●前時に提示した，大きく改稿された２か所を中心に，どのような読みの違いが生じたかを話し合わせる。 ●タイトルの改変にも注目させ，物語	★二つのテクストの違いから，文章の構成や表現の効果について考えている。

	全体の違いを考えさせる。	思（ワークシートの記述）
③話し合ったことを基に，作者がなぜ書き換えたのかを考える。	●改稿により物語全体がどのように変わってくるのかを考えさせる。	★作者がなぜ書き換えたのかを，二つのテクストの違いを根拠に説明している。 思（ワークシートの記述）

まとめ（5分）次時の内容を知り，内容を再考する。

④次回，作者に手紙を書く活動をすることを知り，内容を再考する。	●グループの意見を参考にしながら，自分の意見をもう一度考えるように助言する。	

⑶ 本時展開のポイント

①読みの交流

「クジャクヤママユ」から「少年の日の思い出」への改稿の中で，次の2か所は全体の読みに関わる大きな変更であると考えた。

一つめは，「エーミール」がクジャクヤママユを手に入れたことを知った「僕」の妬みや嫉妬が削除されている点である。削除された記述の概要は，次のとおりである。

> **「エーミール」がクジャクヤママユを手に入れたことを知った「僕」の反応の部分**
>
> そんなとんでもない生き物を，あのたいくつなエーミールがもっているなんて！（中略）当然ながら嫉妬がわきおこってきた。よりによってあんなにつまらない粗探し屋があの神秘的で貴重な蝶を採ったなんてふざけた話じゃないか。だから僕は気持ちをこらえ，獲物を見せてもらいにいってやつの自尊心を満たすようなことは思いとどまった。

この部分が削除されたことにより，友人の悪口を言ったり，嫉妬したりする人だという「僕」の嫌な印象はいくらか軽減され，その分エーミールの悪役感が強くなる効果があると考える。この部分が「客」である「僕」の一人称で書かれていることと合わせ,「客／僕」がエーミールのことをこのように語っている意味も含めて考えさせていきたい。

二つめは, 前述した「僕」が最後の罪を意識する場面である。「クジャクヤママユ」では,「償いのできないもの」について「一度**だめにしてしまったもの**」と表現しているのに対して，「少年の日の思い出」では，「一度**起きたこと**」と表現されている。この改稿の効果は，「一度**だめにしてしまったもの**」と表現すると，「僕」の後悔の対象が「つぶれてしまったクジャクヤママユ」に特定されやすくなるが，「一度**起きたこと**」とすると，後悔の対象が「盗んだこと」や「エーミールとの関係」「母にいっさいを打ち明けたこと」など多岐にわたるように読めることだと考える。

これらの改変箇所は,「『僕』／『エーミール』の印象」「『僕』の罪の意識」についての二つのテクストの違いが表れやすい部分である。この2点を中心に話合いを進めていくことで，「クジャクヤママユ」と「少年の日の思い出」の違いを明確にしていきたい。

②タイトルの改変

話合いの中盤では，もう一つの改変点である，作品名の変更という観点を提示する。1911年の初稿「Das Nachtpfauenauge（クジャクヤママユ）」という作品名は，1931年発表の作品では「Jugendgedenken（少年の日の思い出）」へ変えられている。この変更は，初稿テクストは盗みを犯すほどに「僕」を魅了したちょう（蛾）であるクジャクヤママユをめぐる「僕」の悔恨の物語であったものが，改稿後のテクストは，クジャクヤママユだけでなく，盗みという過ちをしてしまったことや他者との関係など，思春期真っ只中の「僕」の葛藤を中心にした物語を描くことへと，作品全体の主題が変わっていることも意識できるのではないかと考えた。

7 生徒の学びの姿

⑴二つのテクストの違いを分析し，ヘッセの思いを知る

本単元では，二つのテクストから受け取った印象をレーダーチャートにまとめ，視覚化した印象と本文を結び付けて分析していく形で授業を進めていった。レーダーチャートが比較や交流の仲立ちとなり，生徒たちは意欲的に分析を進められていたと感じる。

第4時で読みの違いを分析した生徒Mは「クジャクヤママユ」から削除された部分に着目し，以下のように読み取りを行った。

①生徒Mの読み取り（①：「クジャクヤママユ」，②：「少年の日の思い出」）

> 私は，①の文章から「僕」も「エーミール」も同じくらい悪い印象を受けた。「エーミール」が「クジャクヤママユ」を手に入れたことを聞いた「僕」の妬みの部分が大きく影響していると思う。でも，②の文章からはその部分が消えている。それは，「僕」の悪い部分を消し去り，「エーミール」の悪い印象を際立たせるためではないかと思った。それにより，悪いことをしているのにも関わらず私たちは「僕」に感情移入してしまっているのだ。

また，授業で扱わなかった部分にも着目し，読み取りを行う生徒Nもいた。

②生徒Nの読み取り（①：「クジャクヤママユ」，②：「少年の日の思い出」）

> 私はそのほかにも，「エーミール」がクジャクヤママユを手に入れた部分の変化にも注目した。①の文章では「あのエーミールはクジャクヤママユを捕まえた」となっているが，②では「あのエーミールがクジャクヤママユをさなぎからかえした」と変化している。このことから「僕」よりも優秀な「エーミール」を強調し，「エーミール」の異質さを読者に印象付けようとしたのではないかと思った。

⑵作者への手紙

第5時で読みの交流を行った後に，「前略　ヘルマン＝ヘッセ様」と題して，作者への手紙を書かせた。第3時に「少年の日の思い出」を読む際に，以下のようなこの活動の意図を伝えた。

> 「クジャクヤママユ」を書いた後，ヘルマン＝ヘッセは「少年の日の思い出」に改稿しています。改稿したということは，よりよい作品にしたということです。なぜ改稿したのでしょうか。二つの作品を読み比べ，ヘルマン＝ヘッセがなぜ書き換えたのかを考え，読者にどんな読みをしてほしかったのかを考えてみましょう。この単元の最後には，ヘルマン＝ヘッセに手紙を書いて，改稿した部分を指摘し，読み取ったことを伝えます。

読みを交流することで，最初に抱いた漠然とした読みが言語化されたり，最初は気付かなかった読みを再確認したりした生徒たちが，最終的にどのような読みをしたかをこの手紙を書かせることで確認した。生徒Oは，最後に「僕」がどうやっても償えないことを悟った場面に着目した手紙を書いた（「8　資料」を参照）。

⑶ 振り返り

80字以内で書くこと，必ず2文で書くこと，二つの文は接続詞で結ぶこと，というルールを課して，振り返りを行わせた。このルールは，中島博司氏が考案した「R80」という振り返り方法である。以下は，生徒の振り返りの一部である。

●生徒の振り返り例

> ヘッセは，改稿することで私たちに感情移入させようとしていることがわかった。また，第一人称で書かれている文学は，客観的に読まないといけないと思った。

> タイトルの変化だけでも作者の意図を読み取ることができた。つまり，ヘルマン＝ヘッセは，思春期の子どもの心の葛藤を，この作品に詰め込みたかったのだろう。

生徒たちは，日頃経験したことのない作者の改稿部分を比較するという活動を通して，作者の意図や読み手の心構えなどをそれぞれ考えたようであった。その後の学習においても，作者目線で考えたり，表現の特徴に注目したりすることができ，文学の面白さを体感しながら学習を進めることができた。

8 資料

(1) ワークシート（第2～3時で使用）

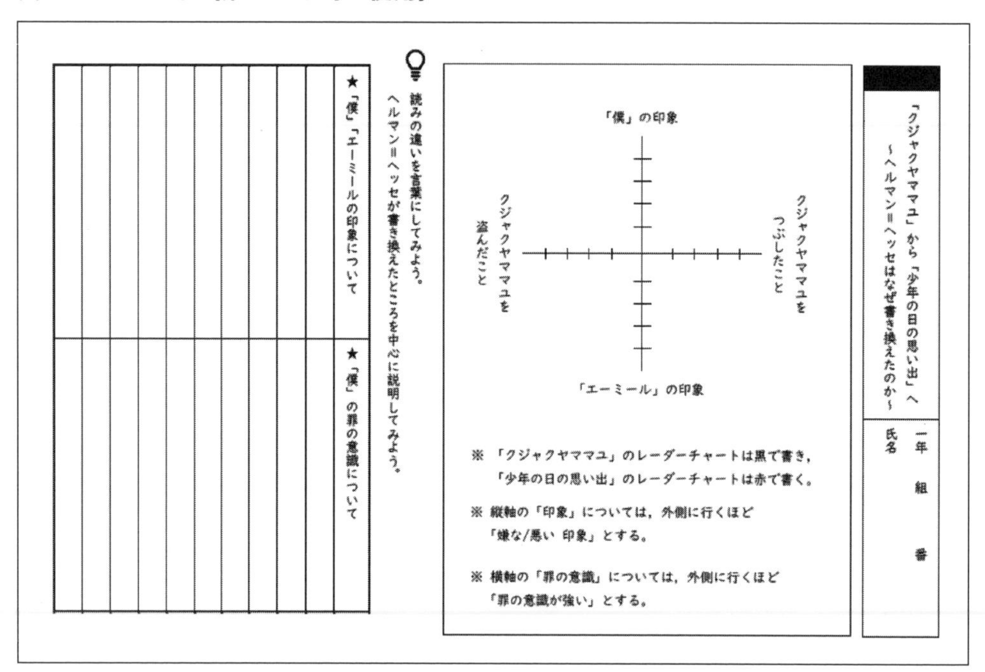

(2) ワークシート（第4～5時で使用）

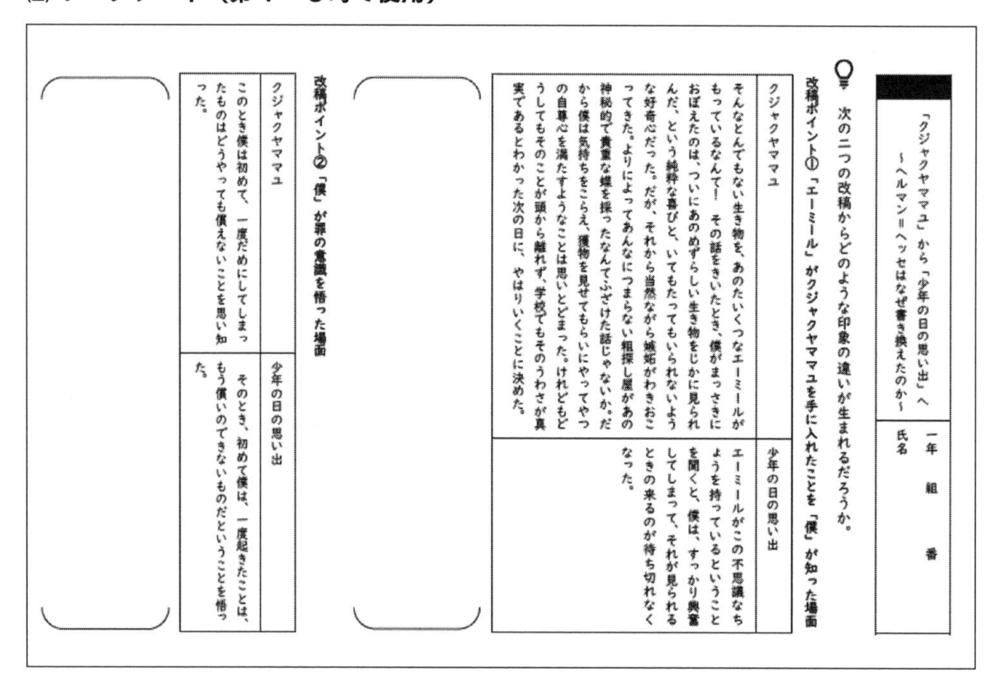

⑶ 生徒Cが作成した手紙

前略　ヘルマン＝ヘッセ様

あなたが推敲された前と後の作品を読ませていただきました。

最後の「僕」が悟った場面で、改稿前の「クジャクヤママユ」では「一度だめにしてしまったものは」となっていますが、改稿後の「少年の日の思い出」では「一度起きたことは」と改稿されていますね。

それにより、「僕」が「つぶしてしまったクジャクヤママユ（もの）」だけに後悔しているのではなく、「クジャクヤママユをつぶしてしまったこと」「クジャクヤママユを盗んだこと」「母に全てを打ち明けたこと」「エーミールに軽蔑されてしまったこと」など、さまざまなことに対する後悔だというふうに読み取ることができました。思春期の「僕」の葛藤が文章からとても伝わってきました。

私は「少年の日の思い出」の方が好きです。私たちと同年代の主人公の心の動きがよくわかるからです。

素敵な作品をありがとうございました。

草々

〈城所　克弥〉

解　説

1 各実践で育てようとしている資質・能力

⑴ 実践の概要と指導事項

まず，六つの実践の概要と設定された指導事項をまとめておく。どの実践も，対話の必然性がある活動の中で，育てたい資質・能力が確実に修得できることを目指している。

実践	実践の概要	知識及び技能	思考力，判断力，表現力等
1	問いを積み重ねながら，語り手の認識を捉える。	情報と情報の関係	読：構造と内容の把握
2	ジグソー学習で，自分たちが立てた課題を解決する。	語彙	読：構造と内容の把握 読：精査・解釈（内容）
3	動作化を通して，登場人物の心情を想像する。	情報の整理	読：精査・解釈（内容）
4	挿絵を手がかりにして，作品の部分と全体を関連付ける。	語彙	読：精査・解釈（形式）
5	作品をモデルにして，経験を素材にした物語を創作する。	語彙	書：題材の設定，情報の収集，内容の検討
6	改稿前後の作品を比較し，書き手の意図を考える。	語彙	読：精査・解釈（形式） 読：考えの形成，共有

⑵ 現代社会で求められる資質・能力

それぞれの実践からは，より高次の言語能力や，現代社会で求められる力を育てようとする意図も見られる。それらの一部を，下表にまとめてみた。

現代社会で求められる資質・能力	実践
言葉から，具体的な映像や状況を想像することができる。	3，4
表現の形式や内容に注目して，語り手の意図を捉えることができる。	1，6
複数のテキストを比べたり，結び付けたりして読むことができる。	4，6
多くの情報を目的に即して整理し，必要なことを見付けることができる。	1，2
目的に応じて，自分の行動を計画することができる。	2
他者の考えを自分の意見に生かすことができる。	4，5
ICT 機器を活用して，表現や話合いを行うことができる。	2，5

2 実践の特色

(1)「客」が伝えたかったことに注目して，「少年の日の思い出」を読み解こう

語り手に着目することは，教科書の学習の手引にもある一般的な学習課題になってきている。土井実践の核となる課題も，大人の「客」が思い出のどういうところに「けがしてしまった」という思いを抱いているかという，語り手の認識を考えさせる問いである。

本実践では，場面ごとの小さな問いを積み重ねて「僕」という少年を捉えていく，一般的な課題解決型の学習過程を採っている。各場面の読み取りでは，「僕」の語りを言葉どおりに受け取ってよいか問い直すような課題を設定し，「僕」の語りを批判的に読み直すことを促している。「客」が語り切らなかったことを考えた上で，「客」が伝えたかったことを再考させようとしている点が特徴的である。

本実践では，生徒全員の考えを一覧にして配付し，紙面での意見共有も併用して話合いを進めている。対面の話合いが制限された状況に配慮した手立てでもあるが，結果的に，口頭での話合いでは目立たない学習者間で対話的な交流ができた姿も見られたということである。また，第6時では生徒一人一人にそれまでの考えを一覧化して配付している。本実践のような課題解決学習では，各場面で考えたことが細切れになり，物語全体の課題解決につながらない場合もある。一覧によってそれまでに積み上げてきた自分の考えを俯瞰的に見渡せることが，自己内対話を促す契機となると考えられよう。

こうした「生徒の意見の一覧化」は，教師の側には作成の負担も大きいが，話合いや思考を深める有効な手段となる。今後，ICT 機器の活用が進むことで，生徒からの意見が集めやすくなることが期待される。

(2)「少年の日の思い出」を読んで，主人公の心情の変化を語り合おう

渡邊実践のコンセプトも，学習者の問いを起点とした課題解決学習である。本実践では，課題解決過程にジグソー学習を組み合わせたことが特徴的である。

本実践の特色の一つが，「学びの地図」を用いた課題検討である。単元前半では，課題を自分たちで設定し，その課題を考えるための必要度に応じて多様な問いを整理・分類し，課題解決のための道筋を考えている。学習計画を生徒が主体的に設計することは，これから重要視される学習活動であり，生徒に身に付けさせたい力でもある。この活動に必然性をもたせているのが，ジグソー学習である。ジグソー学習では，生徒それぞれがもつ異なる情報を総合してグループの課題を解決していく。どの課題が必要か，その解決のためには誰のもつ情報を活用すればよいかを「学びの地図」を基に検討し，次の活動を計画することで，対話する価値がある問いを精選する必然性をもたせている。

本実践のもう一つの大きな特色は，Google Jamboard を活用し，コンピュータの画面を媒体にした話合いを仕組んでいることである。ホワイトボードを用いた話合い活動を基礎として，コンピュータの利点である，付箋の作成や書き換え・貼り替えの簡便さ，情報の共有しやすさなどを有効に活用して，対話を活性化している。これまでに開発してきた話

合いの方法をデジタル機器の長所と重ねることで効果的な話合いを仕組んでいる点に，ICT 機器の活用の仕方のヒントがうかがえる。

⑶ 場面や描写を結び付けて，登場人物の心情の変化を捉えよう

言葉を基に具体的な映像を想像したり，書かれていないことを想像して補ったりすることは，読むことの重要な要素である。抽象的な言葉の世界を具体的な身体表現に置き換える動作化は，言葉を精確に読み解くための有効な方法として広く実践されてきた。

「少年の日の思い出」は，物語の多くの場面が２人の人物の対話で構成されている。対話場面は話されたセリフに読者の意識が向けられがちであるが，対話する人物の間では，視線や体の向き，声の調子など，セリフ以外の様々な身体表現が交わされている。小阪実践では，このような言葉には表れていない人物の身体に意識を向けて動作化することを通して，そのように振る舞う登場人物の心情を捉えさせている点に特色がある。

動作化は，着眼点を明確にしておかないと上手に動くことが目的になってしまい，言葉や状況を丁寧に読み取ったり，登場人物の内面を想像したりすることがおろそかになりやすい。本実践では，動作化前のミニ台本作成や，対話劇を観察している生徒の発言，質問紙などを取り入れ，意識化されにくい演者の身体性に着目させる手立てが取られている。

また，「僕」とエーミールが対峙する二つの場面を動作化し，比較を行ったことも，物語全体を捉える工夫の一つである。単一場面を想像するだけでなく，登場人物が同じ場面を比べることで，二つの場面の間の変化が明確に捉えやすくなっている。

⑷「少年の日の思い出」に一番合う挿絵を考え，本文を根拠にしてその理由を伝え合おう

動作化と同じように，挿絵も，抽象的な言葉を具体的な絵画にしたものである。挿絵では，どのように視覚化するかだけでなく，どの場面に挿絵を入れるかということにも，作品に対する解釈が反映される。三冨実践は，こうした挿絵の特徴を踏まえて，物語に合った挿絵を選ぶことを通して物語全体の構成を捉え評価する力の育成を図っている。

本実践の大きな特徴は，挿絵を物語の構成やプロットを読むための手引にしている点である。挿絵を選ぶ際に，「挿絵の役割や効果」のみを考えるのではなく，「文章との結び付き」を考えるように仕向ける支援が，ここでは不可欠である。確認や投げかけ，教師からのフィードバックといった的確できめ細やかな問い返しが，学習者の思考を深めている。

また，本実践では「物語に一番合った挿絵を選ぶ」という，具体的で分かりやすいゴールが設定されており，活動の見通しをもって課題に取り組むことができる。また。「選ぶ」ことは，選択肢を手がかりにして最初の考えをもちやすく，活動に取りかかりやすい。

対話がうまくいっている場面では，共通点と相違点がうまくかみ合っていることが多い。結論は同じなのに過程が違う，スタートは同じなのに結論が違うといった，共通点があるほうが，他者の意見に関心が向き，交流が生じやすい。本実践では，意図的に同じ立場の相手，違う立場の相手と交流する場面を仕組み，他者の意見との接点をつくり出している。学習者の交流を仕組むときに，互いの意見の相違点だけでなく，共通点をどうつくり出す

かということが大切だということに気付かされる。

⑸「MY 少年の日の思い出」を創作しよう

「書くために読む」という学習活動の設定は，読むことの目的が明確になり，読むことに向かう学習者の動機をもたせやすくなる。山上実践では「物語を創作する」という目的が最初から設定されているので，創作活動に生かすことを学び取るという観点で「少年の日の思い出」を読む学習に取り組むことができる。また,創作に当たって「主人公の変化」があるという課題を設定したことも，本実践の特色の一つである。「少年の日の思い出」と同じ題材と構成を採ることで，作品の原型となる自分の経験を「変化」として捉え直し，再構成する観点をもたせることができる。

本実践では,互いにアドバイスを行う活動が設定されている。よく行われる活動だが,「友達に助言しよう」という指示だけでは，漠然とした褒め言葉や誤字や用語の指摘などだけで終わってしまうことも多い。本実践では，「分かりにくい部分や矛盾点」といった観点が明示されている上に，助言する側も創作を行っているので，物語の内容に関わった具体的な指摘が行いやすかった。アドバイスの活動では，助言者自身が書き手と同等以上の経験や知識をもっていること，どこが大切かという観点をもつことが必要である。

本実践でも，ICT 機器であるタブレット端末の活用が提案されている。手書きをするかタブレット端末を使うかは，単なるメディアの違いというだけでなく，思考の質自体が異なっている。ワープロなら下書きした後に編集する活動が行いやすいし，手書きはじっくりと構想し，まとめてから書き始める思考に向いている。学習者の個性や書こうとするテキストの質に合わせて媒体を選択できることは，生徒の思考を促す支援になるだろう。

⑹「クジャクヤママユ」から「少年の日の思い出」へ

描写や表現に注目して，そのように表現した語り手の意図を捉える批判的読みは，中学校の学習で身に付けさせたい思考力の一つである。土井実践も語り手に注目していたように，「少年の日の思い出」は語り手に着目しやすいテキストでもある。

城所実践では，「少年の日の思い出」の改稿前後の作品を比べることで，叙述の違いに注目させ，語り手が何を読者に印象付けようとしているかを分析的に考えさせようとした。「改稿の意図を探る」という課題の下，本文の異同を基に「僕」の語りが「僕」自身の人物像を演出していることに気付かせる，批評的な営みである。

本実践の特徴の一つは，複数のテキストを比べて読む場を仕組んでいることである。今回は「クジャクヤママユ」を先に読み，読み取ったことを手がかりとして「少年の日の思い出」に向かうという手順を採っている。単に比べるのではなく，先行テキストを活用して後続テキストを読み解くことも，複数テキストの読み方として必要であろう。

本実践のもう一つの工夫が，レーダーチャートの活用である。二つのテキストから受けた印象の違いをレーダーチャートで可視化することで，他者との捉え方の違いも見えるようになる。こうした仕掛けは，対話を生み出す方法として有効であった。

〈幾田 伸司〉

執筆者紹介

編著者

幾田　伸司（いくた・しんじ）

鳴門教育大学大学院学校教育研究科教授
1967年生まれ。神戸大学大学院修了（修士），広島大学大学院単位取得退学。親和中学校・親和女子高等学校，広島経済大学等を経て，現職
日本国語教育学会理事
著書に，『文学の授業づくりハンドブック　第2巻』（分担執筆，溪水社，2010年），『国語科教育学研究の成果と展望　2』（分担執筆，学芸図書，2013年），『国語教育学研究の創成と展開』（分担執筆，溪水社，2015年）等

執筆者（執筆順。所属等は令和3年5月現在）

幾田　伸司　上掲
土井　都善　徳島県 美馬市立脇町中学校教諭
渡邊　博之　広島県 福山市教育委員会指導主事
小阪　昌子　徳島県 徳島市徳島中学校教諭
三冨　洋介　神奈川県 三浦市立南下浦中学校教諭
山上　史織　北海道 札幌市立啓明中学校教諭
城所　克弥　徳島県 松茂町立松茂中学校教諭

対話的な学びで一人一人を育てる中学校国語授業 1
「少年の日の思い出」の授業

2021（令和3）年7月15日　初版第1刷発行

編著者　幾田　伸司
発行者　錦織　圭之介
発行所　株式会社東洋館出版社
〒113-0021
東京都文京区本駒込5丁目16番7号
営業部　電話 03-3823-9206　FAX03-3823-9208
編集部　電話 03-3823-9207　FAX03-3823-9209
振　替　00180-7-96823
URL　https://www.toyokan.co.jp

[印刷・製本] 岩岡印刷株式会社
[装丁・本文デザイン] 中濱　健治

ISBN978-4-491-04516-0　Printed in Japan